Le Livre de Poche
Jeunesse

Né en Gironde en 1918, agrégé d'anglais et docteur ès lettres, Robert Escarpit a dirigé, après la guerre, l'Institut français d'Amérique latine à Mexico, d'où il a rapporté pour les jeunes un volume de contes et légendes du Mexique. Chroniqueur au journal *Le Monde,* professeur, puis président de l'université de Bordeaux III, il est l'auteur d'essais et de romans pour adultes, dans lesquels il met beaucoup de science et d'esprit. Mais, pour les enfants, ce sont d'abord les *Contes de la Saint-Glinglin* qui restent inoubliables, naturellement...

Les reportages de Rouletabosse

Robert Escarpit

Les reportages de Rouletabosse

Couverture et illustrations
de l'auteur

Magnard

Ce livre est dédié
à la "Une" du Monde
dont même Rouletabosse
n'a jamais fini
de faire le tour.

Comment Rouletabosse devint reporter

C'était un petit garçon tout rond, et il était tellement curieux qu'à force de se pencher sur les choses pour mieux les voir, il en était resté bossu. C'est pourquoi on l'appelait Rouletabosse.

La curiosité de Rouletabosse n'avait pas de limites. Tout ce qu'il rencontrait, il fallait qu'il l'examine de loin, de près, de face, de côté, par-derrière, par-dessus, par-dessous, par-devant, il fallait qu'il le touche, l'écoute, le flaire, le lèche, le suce, le morde, le goûte, le fasse tourner, marcher, monter, descendre, il fallait qu'il souffle à travers, qu'il regarde dedans, qu'il le pince, le gratte, le frotte, le pousse, le tire, l'ouvre, le ferme. En général, cela se terminait de manière désagréable pour lui, car il y a toujours une chose qu'on ne peut pas faire avec une chose soit parce qu'elle n'est pas faite pour ça, soit parce qu'elle n'est pas d'accord pour qu'on le lui fasse.

Dans les premiers temps, comme il ne savait pas encore parler, Rouletabosse, lorsqu'il se heurtait à la mauvaise volonté des choses, poussait de grands hurlements pour alerter son entourage,

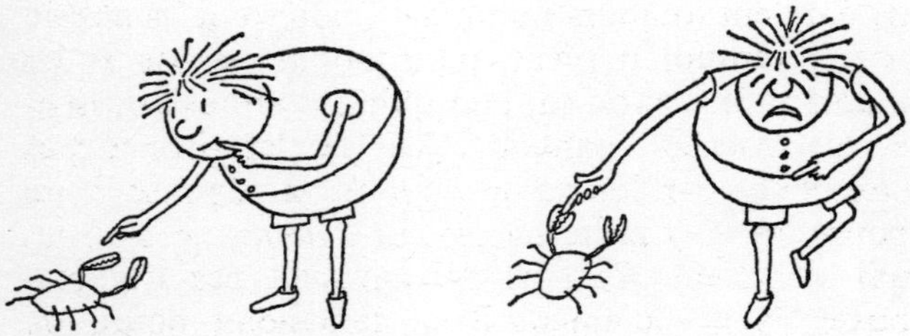

puis on voyait son petit front rond se plisser d'attention et ses petits yeux ronds fixer farouchement la fleur, l'animal, le caillou, l'ustensile, le truc, le machin qui lui résistait, comme s'il avait voulu en garder le portrait dans sa petite tête ronde.

Et il le gardait. Ensuite, il ne se trompait jamais plus. Quand il rencontrait une chose qu'il avait déjà rencontrée, il ne faisait plus jamais à cette chose la chose qu'elle ne voulait pas qu'on lui fasse. Mieux : quand il voyait quelqu'un sur le point de le faire, il cherchait à l'en détourner en poussant des piaillements aigus.

Car c'était là, dès sa première enfance, un des traits de caractère les plus étonnants de Rouletabosse : il tenait absolument à faire profiter les autres de ce qu'il avait appris. A vrai dire, c'était assez agaçant.

Ce fut bien pis quand il sut parler. D'abord, il se mit à poser des questions sur tout et sur rien, et il en posait beaucoup. D'habitude, les enfants demandent toujours pourquoi : pourquoi ils ont un nez, pourquoi il pleut, pourquoi les papas et les mamans font ci ou ça, pourquoi les arbres poussent et les oiseaux chantent. Cela ne les avance pas beaucoup, car lorsqu'on connaît la réponse à un pourquoi, il y en a aussitôt une douzaine d'autres qui se posent. Cela ne décourageait pas Rouletabosse. Non seulement il se demandait pourquoi, mais aussi qui, quoi, où, quand, comment, combien, avec quoi, et bien d'autres choses encore. Et pendant tout ce temps, il allait roulant de droite et de gauche, faisant rouler ses yeux ronds sur sa tête ronde qui pivotait sur son corps rond, aux aguets des moindres détails. Car il ne se contentait pas des réponses qu'on lui donnait. Il fallait qu'il aille se rendre compte sur place.

Le plus ennuyeux, c'est qu'il répétait tout, non par indiscrétion, certes, mais par désir de rendre service aux gens qu'il croyait aussi curieux que lui. C'était tout à fait exaspérant, car les gens ne sont pas tellement curieux. Ils s'intéressent d'abord à eux-mêmes et ensuite aux autres, seulement dans la mesure où ils ont l'occasion d'en dire du mal. Or, Rouletabosse ne disait ni de mal, ni de bien de personne : il disait simplement ce qu'il savait comme il le comprenait. Le mal et le bien, ce n'était pas son affaire. D'ailleurs, à cet âge tendre, il n'avait pas encore appris à les distinguer et il était complètement innocent. Malheureusement on ne croit jamais à l'innocence de ceux qui fourrent leur nez partout et ne savent jamais tenir leur langue.

Un jour, juste pour savoir, il alla ouvrir le réfrigérateur de la voisine afin de comparer son yaourt aux fraises avec celui de sa mère ; après quoi, il déclara à qui voulait l'entendre que celui de la voisine était le meilleur. Cela lui valut une fessée de son père pour être entré chez les voisins sans demander la permission, une gifle de sa mère pour avoir raconté des bêtises et, par compensation, un caramel mou de la voisine qui félicita ses parents pour la remarquable intelligence de leur petit garçon. Elle changea d'avis plus tard lorsque Rouletabosse démonta sa machine à laver afin de découvrir pourquoi son linge était moins blanc que celui de sa mère. Cette fois, il eut un coup de pied aux fesses du mari de la voisine, une fessée de son père, mais ce fut le marchand de machines à laver, quand il vint remplacer celle des voisins, qui lui donna un caramel mou. De ces expériences Rouletabosse retint que de toute façon on reçoit toujours davantage de coups que de caramels mous et que cela ne vaut pas la peine d'essayer de faire plaisir aux gens en se taisant ou en racontant ce qu'ils veulent entendre.

Très vite, Rouletabosse apprit à écrire. Et alors, au lieu de raconter les choses, il les écrivait, il les dessinait, il les peinturlurait, il les gribouillait. Quand il eut épuisé tout le papier du bureau de son père, de la cuisine et des waters, il se mit à écrire sur les murs. On essaya de lui confisquer ses stylos à feutre, mais il en devint si malade qu'on dut les lui rendre. Quand les murs eux-mêmes furent entièrement couverts d'inscriptions et de dessins de toutes sortes, ses parents firent retapisser la maison et l'envoyèrent à la grande école.

Du point de vue de l'instituteur, on ne peut pas dire que Rouletabosse ait été un élève des plus satisfaisants. D'abord, il posait trop de questions et il est toujours mauvais de poser au maître plus de questions qu'il n'a de réponses. Quand il n'était pas content de la réponse, il allait voir, et quand il était allé voir, il fallait qu'il raconte ce qu'il avait vu, puis qu'il le compare à ce qu'il y avait dans les livres. Et quand ce qu'il y avait dans les livres n'était pas exactement ce qu'avait dit le maître et ce qu'il avait vu, il écrivait le tout sur des petits bouts de papier qu'il distribuait à ses camarades, et pour être bien sûr que ses papiers seraient bien distribués, il les pliait en forme d'avions et les lançait à travers la classe.

Tout cela n'aurait pas duré bien longtemps si, le jour de ses huit ans, Rouletabosse n'avait fait une rencontre qui devait lui révéler sa vocation et déterminer le cours de son existence.

Ce jour-là, en rentrant de l'école, il s'arrêta au carrefour de la Poste pour regarder un camion qui, ayant manqué le virage, était entré dans la vitrine du marchand de légumes. A vrai dire, l'événement n'avait rien d'extraordinaire, car le carrefour de la Poste était connu comme très dangereux et, depuis dix ans, le conseil municipal discutait tous les mercredis pour savoir s'il convenait d'y mettre un « Stop », un feu de signalisation ou un agent de police. S'il n'y avait eu que deux solutions, les conseillers auraient bien fini par voter pour l'une ou pour l'autre, mais entre les trois ils n'arrivaient pas à se départager. C'est ainsi qu'au moins cinq ou six fois par an un vélomoteur, une voiture ou un camion manquait le virage et entrait dans une des vitrines du carrefour. D'habitude, c'était plutôt celle du quincaillier ou bien celle du coiffeur, mais cette fois le camion avait légèrement dérapé et la cible avait été le marchand de légumes.

Ce genre de détail intéressait toujours Rouletabosse. Le nez au ras du goudron, il se faufila entre les jambes des badauds, esquiva celles des gendarmes et réussit à suivre la trace d'un des pneus jusqu'à la roue arrière gauche. Comme il la contournait furtivement, les yeux au sol, il tomba dans les jambes d'un homme qui avait l'air de se cacher lui aussi. C'était un grand garçon maigre, avec des cheveux mal peignés et une longue moustache triste. Tout comme Rouletabosse, il fourrait son nez partout et griffonnait sans cesse dans un carnet. De temps en temps, il tirait un appareil photographique de la sacoche qu'il portait en bandoulière et faisait marcher le flash. Ébloui par les éclairs, Rouletabosse restait devant lui, bouche bée, à la fois admiratif et perplexe, car cet homme faisait exactement ce qu'il aimait faire, mais il le faisait beaucoup mieux que lui.

Quand il eut pris une dernière photo, l'homme abaissa les yeux vers lui et remarqua le carnet sur lequel le stylo de Rouletabosse était resté immobile.

« Tiens, dit-il, un confrère ! Tu es journaliste, petit ? »

Normalement, Rouletabosse aurait été trop intimidé pour répondre. Mais son goût des questions l'emporta.

« Qu'est-ce que c'est, un journaliste ? »

L'autre pivota sur ses talons.

« Regarde ! Un journaliste est un homme qui va voir tout ce qui se passe, fourre son nez partout, pose des questions à tout le monde et accessoirement écrit dans un journal. »

Rouletabosse ne connaissait pas le mot *accessoirement,* mais il savait ce qu'était un journal. Il ne lui était jamais venu à l'idée qu'on pût y écrire dedans. Il trouvait même qu'un journal, c'était assez incommode pour écrire, parce que les marges sont trop étroites.

« Vous allez écrire tout ça dans le journal ?

— Tout ça quoi ? »

D'un geste, Rouletabosse montra le camion, la devanture défoncée, les badauds, les gendarmes, les marques des pneus sur le sol.

« Tout ça. »

La moustache du journaliste se fit plus triste encore. Il poussa un soupir.

« Ah ! moi, je l'écrirais bien, mais le rédacteur en chef ne me laissera pas faire.

— Qu'est-ce que c'est, le rédacteur en chef ?

— C'est une espèce d'ogre qui tient un crayon rouge d'une main et une grande paire de ciseaux de l'autre. Avec le crayon il barre, avec les ciseaux il coupe.

— Pourquoi il fait ça ?

— Parce qu'il dit qu'il n'y a pas assez de place dans le journal et que j'en ai toujours trop à écrire. »

Compatissant, Rouletabosse hocha la tête. Il connaissait le problème.

« Alors pourquoi vous l'écrivez dans le journal ?

— Parce que si je l'écrivais ailleurs, personne ne le lirait. »

Il montra son carnet et son appareil photographique.

« Tu vois, de tout ce que j'ai écrit là-dedans et de toutes les photos que j'ai prises, demain, dans le journal, il ne restera que trois ou quatre lignes : « LE CAMION DANS LA VITRINE. Hier un « camion fou a endommagé une vitrine du carre- « four de la Poste. Il n'y a pas de victimes, mais les « dégâts sont importants. C'est le quatrième acci- « dent de l'année au même endroit. Quand la « municipalité se décidera-t-elle à prendre des « mesures ? » Seulement, ces trois ou quatre lignes, cent cinquante mille personnes les liront ! »

Rouletabosse fronça les sourcils. Il ne savait pas très bien compter au-delà de mille, mais il ajouta de tête quelques zéros et fut impressionné.

« On vous donne des coups de pied aux fesses ?

— Il arrive que les gens en aient envie, mais en général j'arrive à les éviter.

— Et des caramels mous, on vous en donne ? »

Le journaliste parut surpris par la question, mais il réfléchit un instant et répondit :

« On me donne de l'argent, de quoi acheter quatre-vingt-douze caramels mous par jour et une bouteille de soda pour les faire descendre. »

Cette fois Rouletabosse fut très impressionné.

« Comment on fait pour devenir journaliste ? »

L'autre se gratta la tête avec son stylo à bille.

« C'est une question difficile. Vois-tu, pour devenir journaliste, il faut d'abord l'avoir été. »

Rouletabosse fit tourner cette idée en rond dans sa tête ronde sans en découvrir ni le commencement, ni la fin. Pour la première fois de sa vie, il ne trouvait plus de question à poser.

« Ce qu'il faut savoir, c'est si tu es déjà journaliste maintenant, parce que si tu l'es, tu pourras le devenir. Autrement non.

— Est-ce que je le suis ?

— Ça, on le saura quand tu le seras devenu.

— Mais qui me le dira ?

— Écoute, tu vas retourner à l'école et apprendre le plus de choses possible, n'importe quoi, pourvu que tu sois capable d'en parler le mieux possible, au point de donner l'impression que tu le sais. En même temps, tu t'exerceras à écrire le plus de choses possible avec le moins de mots possible. Quand tu te sentiras au point, viens me voir au journal. Je m'appelle Bob Morasse, et je te dirai, moi, si tu es un journaliste. Là-dessus, excuse-moi, il faut que je remette la copie dans dix minutes. »

En deux enjambées, Bob Morasse atteignit une motocyclette sur le bord du trottoir et disparut dans une pétarade. Rouletabosse ne devait le revoir que douze ans plus tard.

Pendant ces douze ans d'abord il fit ses études. C'était un élève moyen. En histoire, en géographie, en sciences naturelles, cela marchait assez bien. En langues, il était assez doué, mais ne se donnait jamais la peine d'apprendre la grammaire. En mathématiques il faisait des erreurs de calcul et, en particulier, se trompait toujours de virgule. Mais c'est en français qu'il avait le plus de mal : ses compositions françaises avaient tantôt la taille d'un gros volume, tantôt celle d'un timbre-poste.

Il faut dire qu'il suivait les conseils de Bob Morasse. Tous les soirs, il passait une heure à écrire des pages et des pages d'affilée, puis une heure à barrer, couper, tailler dedans jusqu'à n'en laisser que quelques lignes : il s'était acheté pour cela un crayon rouge et une paire de ciseaux. Quand il faisait sa composition française pendant la première heure, elle était trop longue. Quand il la faisait pendant la seconde, elle était trop courte.

Ensuite, il apprenait le Petit Larousse par cœur avant de s'endormir. Quand il entra au C.E.S., il connaissait déjà les lettres A et B. Il ne savait pas grand-chose sur les zèbres, mais sur les ambidextres, les angiospermes, les bersagliers et les blastodermes, il était imbattable. Il atteignit la lettre Z un peu avant de passer le bachot. Sa copie de français était de dimensions normales, car il n'y avait plus de papier disponible dans la salle et d'autre part on ne lui avait pas permis d'apporter son crayon rouge et ses ciseaux, mais quand il eut fini de la lire, le correcteur prit un comprimé d'aspirine avant de lui mettre prudemment la moyenne.

Sous l'effet de ce travail forcené, le dos de Rouletabosse s'arrondissait chaque année davantage, mais il n'en méprisait pas pour autant l'exercice physique. Il avait dû renoncer à jouer au football parce que, dans le feu de l'action, les joueurs le prenaient parfois pour le ballon, ce qui n'était pas sans lui causer des contusions désagréables. Ce qu'il préférait, c'était le jeu de quilles. Il s'était fait une règle à sa manière. Il prenait un petit élan et se lançait sur la piste, roulé en boule, droit sur les quilles qu'il prenait grand plaisir à faire culbuter les unes sur les autres. Il appelait ce sport le *self-bowling* et il en était champion du monde puisqu'il était le seul à le pratiquer. D'autres fois, il allait aux sports d'hiver, mais au lieu de faire du ski ou de la luge, il préférait rouler du haut en bas des pistes, amassant autour de lui une énorme boule de neige qui parfois se transformait en avalanche. Cela faisait quelques dégâts, mais Rouletabosse avait depuis longtemps compris que son destin était d'être une petite cause qui produisait de grands effets.

Après son bachot, il fit son service national et, tout naturellement, fut affecté au corps des aérostiers comme observateur à bord d'un ballon captif. La forme du ballon plaisait à Rouletabosse et le métier d'observateur lui plaisait plus encore. Seul dans sa nacelle à mille ou douze cents mètres d'altitude, il découvrait le monde à travers ses jumelles et racontait tout ce qu'il voyait dans le micro de son poste émetteur. Quelquefois, quand il était pressé de descendre, il sautait en parachute et atterrissait avec un magnifique roulé-boulé. Mais en général il préférait rester en haut le plus longtemps possible et continuer à débiter des descriptions si détaillées et si complètes que l'opérateur au sol finissait par s'endormir. De toute façon, ce n'était pas bien grave, car l'officier de renseignements avait lui aussi un crayon rouge et des ciseaux.

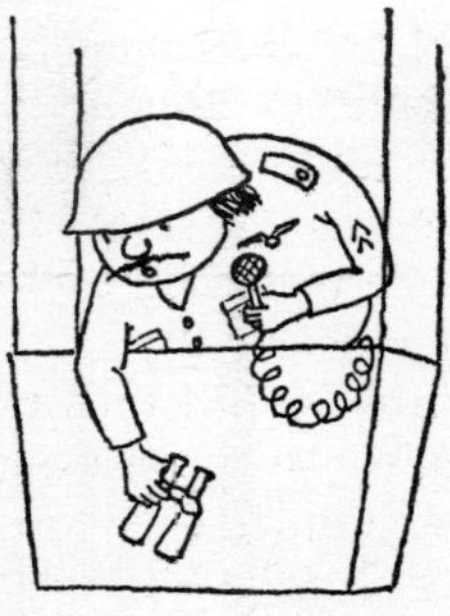

Quand il fut libéré du service, Rouletabosse songea qu'il était peut-être temps d'aller voir Bob Morasse. Mais son père, qui avait eu du mal à se faire à l'idée que son fils serait journaliste, le pressait de continuer ses études. D'autre part, Rouletabosse ne se sentait pas encore très sûr de lui. Plus il s'exerçait à son futur métier, plus il se découvrait d'insuffisances.

Il se rendit donc à l'université voisine et demanda à être inscrit comme étudiant de la section de journalisme du département de Carrières de l'Information de l'Institut universitaire de technologie.

Le directeur qui l'accueillit jouait négligemment avec un gros crayon rouge, ce qui rassura tout de suite Rouletabosse.

« Pour devenir journaliste, lui dit le directeur, il faut d'abord l'avoir été. »

Rouletabosse lui répondit qu'il le savait et lui expliqua tout ce qu'il avait fait en ce sens depuis l'âge de huit ans.

« Très bien, dit le directeur. Maintenant, nous allons vous faire oublier tout cela en vous enseignant un grand nombre de choses qu'il vous faudra entièrement oublier à leur tour lorsque vous aurez votre diplôme. A ce moment, on verra si vous êtes vraiment un journaliste. »

Pendant deux ans Rouletabosse étudia les techniques d'expression, la dynamique de groupe, la déontologie professionnelle, le droit de l'information, l'économie politique, la théorie statistique, la psychologie sociale, la méthodologie de l'enquête, la géographie humaine, l'histoire des idées, l'anglais, l'espagnol, le russe, l'allemand, l'arabe, le chinois, le japonais et la dactylographie, il apprit à rédiger, adapter, calibrer, vérifier, condenser, coter, bâtonner, délayer, annoter, remanier, élaguer, titrer, caviarder, collationner, corriger, aérer, cadrer, intercaler, justifier, mettre en page, et d'une manière générale à respecter l'orthographe et la ponctuation.

Il fut reçu premier de sa promotion et quelques jours plus tard — c'était le début du mois d'août —, se présenta au journal pour demander Bob Morasse.

En douze ans le petit journaliste du carrefour de la Poste était devenu rédacteur en chef. Sa moustache n'était plus triste, mais arrogante et agressive. On ne pouvait savoir si ses cheveux étaient plus courts, car ils avaient disparu. Il portait des lunettes d'écaille par-dessus lesquelles il considéra Rouletabosse avec sagacité.

« Je te reconnais, petit. Es-tu journaliste ?

— Je ne sais pas encore, monsieur.

— Juste. Ici, c'est moi qui sais tout. Souviens-toi d'une chose, car c'est la seule qui mérite qu'on s'en souvienne : dans un journal, le rédacteur en chef a toujours raison. J'ai raison ?

— Oui, monsieur.

— Appelle-moi *boss.* Ici, je suis le *boss.* Tu sais ce que ça veut dire ?

— Ça veut dire patron en anglais, monsieur.

— *Boss !*

— Ça veut dire *boss* en anglais, monsieur, euh !... patron... Je veux dire... ça veut dire...

— Ça veut dire qu'il n'y a que moi qui aie le droit de vouloir dire quelque chose ici. Regarde :

j'ai remplacé le crayon rouge par un gros feutre noir et les ciseaux par une lame de rasoir. Efficacité, rapidité, et pas de discussion ! Bon, je vais te mettre à l'essai. Nous sommes en pleine morte saison. Les gens sont en vacances et il ne se passe rien. J'ai une page et demie à remplir d'ici minuit. Tu vas aller au commissariat de police et me trouver au moins deux colonnes pour les faits divers. Exécution ! »

Il était déjà sept heures du soir quand Rouletabosse arriva au commissariat de police. Un agent solitaire somnolait derrière un bureau crasseux. Il entrouvrit un œil quand Rouletabosse se présenta.

« Eh ! mon pauvre ami, que voulez-vous qu'il se passe avec une chaleur pareille ? Je suis de garde depuis le début de l'après-midi, et il n'y a que dix lignes sur le cahier où j'inscris tous les événements de la ville !

— Voulez-vous me lire ces dix lignes ?

— Eh bien, c'est un chat répondant au nom de Bisou et appartenant à une Mme Michel Armandine, soixante-douze ans, sans profession, demeurant 45, rue de l'Abattoir, qui a volé à seize heures douze une côtelette à la devanture du boucher du carrefour de la Poste. En traversant le carrefour pour s'enfuir, il a causé la chute d'un cycliste du nom de Chardon Jacques, quarante et un ans, écologiste breveté, demeurant 22, rue de la Gare, qui n'a eu aucun mal. Ensuite, il s'est réfugié sur la tête de la statue du général Méplat de Saint-Hilaire et il a fallu appeler les pompiers pour le faire descendre. La côtelette a été rendue au boucher qui n'a pas porté plainte. C'est tout. »

REGLEMENT
ARRÊTÉ
POLICE
TENEZ VOS ANIMAUX EN LAISSE!
SOYEZ BREFS!
PV
PV
PV

Il referma son cahier et l'œil qu'il avait entrouvert. Rouletabosse rentra la tête dans les épaules, se mit en position de recherche de vitesse et jaillit du commissariat comme une bille de flipper.

Deux heures plus tard, il déposait sur le bureau du *boss* un entrefilet sur le vol de la côtelette, une interview de Mme Michel avec une photographie de Bisou, un article de fond sur les difficultés de la circulation au carrefour de la Poste, une déclaration de Jacques Chardon sur la pratique du cyclotourisme, un communiqué du syndicat de la boucherie, un écho sur le rôle des pompiers dans la vie locale et un billet humoristique sur le général Méplat de Saint-Hilaire. Cela faisait en tout douze cents lignes.

Bob Morasse ouvrit de grands yeux, saisit son feutre d'une main et sa lame de rasoir de l'autre, puis se mit à lire. Les rédacteurs en chef ont une manière bien particulière de lire : ils tournent les pages une à la seconde et font tomber leur œil au hasard sur chacune. Tout ce qu'embrasse leur regard, ils le coupent ou ils le barrent. Le reste, ils le jettent généralement au panier. Mais cette fois Bob Morasse avait l'air fasciné, son feutre et sa lame étaient comme paralysés. Il tournait les pages de plus en plus lentement.

Quand il eut terminé, il parut s'éveiller en sursaut. Il fit claquer bruyamment le contact de son interphone et cria :

« On change la une !... Je veux un bandeau sur toute la page : ON SAUVE AUSSI LES CHATS

COUPABLES !... Réservez cinq colonnes dont une demi-colonne titrée PAS DE VACANCES POUR LES POMPIERS et un papier à l'américaine, surtitre ENCORE LE CARREFOUR DE LA MORT !, titre A QUAND DES MESURES ?, avec une tourne de deux cents lignes... A la page sportive un titre sur trois colonnes : LE CYCLOMOTEUR EN QUESTION, et à la locale un encadré LES BOUCHERS EN COLÈRE... La copie arrive !... »

Il enfourna la liasse de feuillets dans un tube pneumatique et se retourna vers Rouletabosse.

« Bon boulot, petit. Tu es journaliste. Maintenant il faut le devenir. Je te nomme grand reporter. C'est là qu'on apprend le mieux. »

De nouveau il fit claquer le contact de l'interphone.

« Réservez une place sur le prochain avion pour Moscou ! »

Il fouilla parmi les dépêches qui encombraient son bureau.

« Tiens, voici la seule nouvelle qui sorte un peu de l'ordinaire depuis vingt-quatre heures. C'est un Russe qui a inventé une méthode révolutionnaire pour l'alimentation de la volaille. Va voir de quoi il retourne. Tu as tout juste le temps de boucler ta valise. Je veux ta copie après-demain soir. Bon voyage. »

Avant que Rouletabosse ait pu répondre, le *boss* était déjà occupé à barrer et à tailler dans le monceau de paperasses accumulé devant lui.

Vif comme un éclair en boule, Rouletabosse roula dans l'escalier, puis dans la rue jusque chez lui où il enfourna dans un sac une chemise, une brosse à dents, un pull chaud et un stylo à bille.

A l'aéroport, il s'acheta une belle casquette écossaise avec un pompon rouge et vert. En attendant que l'hôtesse appelle les passagers pour Moscou, il se considéra avec satisfaction dans les vitres du hall. Avec son harnachement d'appareils photographiques et de magnétophones, ses poches bourrées de carnets et surtout sa casquette écossaise, il avait vraiment l'air d'un grand reporter.

Et c'est ainsi qu'il le devint.

Le secret de Babouchka

Rouletabosse atterrit à Moscou par un beau matin d'août. Il prit un taxi et se fit conduire à la place Rouge qui est au centre de la ville. Le ciel, lavé par les orages de la nuit, était d'un bleu pâle et clair sur lequel se détachaient les coupoles multicolores de la basilique Basile le Bienheureux. Rouletabosse aima tout de suite la forme des églises russes, avec leurs clochers en boule comme d'énormes bilboquets plantés dans le sol.

Il commençait à faire chaud et déjà la file des visiteurs s'étirait le long du mur du Kremlin jusqu'à l'entrée du mausolée de Lénine. Rouletabosse acheta un verre de jus de fraise glacé à une marchande du coin de la rue Gorki et alla s'asseoir sur une marche du grand magasin Goum. Il tira de sa poche la dépêche que lui avait remise Bob Morasse :

MOSCOU. L'agence Tass annonce de Niktograd qu'un ingénieur agronome du kolkhoze de Mokraïa Kouritsa a mis au point une méthode révolutionnaire pour l'élevage des poules. Selon le communiqué, il s'agirait d'une source d'alimentation très économique et pratiquement inépuisable.

Le Petit Larousse, que Rouletabosse avait appris par cœur, indiquait bien qu'un kolkhoze est une

ferme collective, mais ne faisait aucune mention de Niktograd. D'autre part, les vastes perspectives sur la géographie humaine que lui avaient ouvertes ses études à l'Université, étaient précisément beaucoup trop vastes pour que même l'excellente mémoire de

Rouletabosse y pût retrouver la trace d'un sujet aussi mineur que l'élevage des poules.

Un milicien — c'est le nom qu'on donne en U.R.S.S. aux agents de police — s'arrêta devant lui.

« Citoyen, il est interdit de s'asseoir sur les marches du Goum. »

Rouletabosse, qui avait appris le russe, se leva aussitôt, ce qui ne faisait pas une très grande différence, tant il était court de jambes.

« S'il vous plaît, monsieur le milicien, pouvez-vous me dire comment on se rend à Niktograd ? »

L'autre le considéra d'un air soupçonneux.

« Niktograd ? Pourquoi voulez-vous aller à Niktograd ? Vos papiers, s'il vous plaît ! »

Les agents de police du monde entier commencent toujours par demander leurs papiers aux gens.

Ce n'est pas tellement qu'ils soient curieux, mais cela leur donne une contenance. Un homme qui tient des papiers et les épluche lentement, les sourcils froncés et la bouche en cul de poule, a beaucoup plus d'autorité que s'il restait les bras ballants et avait l'air de ne pas savoir quoi faire de ses mains. D'autre part, on s'ennuie passablement à faire des rondes dans les rues ou à régler la circulation, et un peu de lecture pour changer n'est pas désagréable.

Le milicien compara soigneusement le visage de Rouletabosse avec la photographie de son passeport. Sa rondeur parut lui plaire, car il sourit en rendant le document.

« Ainsi, tu veux aller à Niktograd, *tchariktchik* ? Écoute, j'ai terminé mon service. Allons prendre un café. »

Rouletabosse fut heureux de s'entendre appeler *tchariktchik*, ce qui en russe veut dire « petite boulette ». Cela prouvait que le milicien l'avait pris en sympathie, et pour un journaliste il est essentiel d'inspirer de la sympathie aux gens importants comme les policiers, les douaniers, les concierges, les employés, les préposés, les contrôleurs et les ministres.

Quand ils furent assis devant des tasses de café fumant, le milicien offrit à Rouletabosse une cigarette russe, moitié papier, moitié carton.

« C'est amusant, dit-il, que tu m'aies parlé de Niktograd, parce que c'est là que je suis né.

— Alors vous savez où c'est ?

— Bien sûr ! Ce n'est pas difficile : à une cinquantaine de kilomètres à l'est de Novgorod, sur la ligne de Léningrad.

— Si vous êtes de Niktograd, vous devez connaître le kolkhoze de Mokraïa Kouritsa ? »

L'autre s'esclaffa.

« Si je le connais, *tchariktchik* ? J'y ai travaillé et mon frère y est mireur d'œufs de première classe ! »

C'était bien là le flair du vrai journaliste. Du premier coup, Rouletabosse était tombé sur quelqu'un qui connaissait Mokraïa Kouritsa, peut-être le seul à Moscou.

« C'est facile d'aller là-bas ? »

Le milicien tira pensivement sur sa cigarette.

« Facile, ça dépend. En principe, il suffit de prendre l'avion jusqu'à Novgorod, le train jusqu'à Niktograd et l'autobus jusqu'à Mokraïa Kouritsa, seulement il faut des papiers...

— Quels papiers ?

— Oh ! simplement une autorisation du ministère de l'Agriculture délivrée sur présentation d'un certificat du ministère des Choses en général visé par le ministère de l'Intérieur, le ministère des Transports et le ministère des Choses en particulier.

— Et comment obtient-on ce certificat ?

— Il faut remplir trois formulaires en sept exemplaires et un quatrième en neuf exemplaires.

— Mais où se procure-t-on ces formulaires ?

— Auprès du ministère des Imprimés administratifs. Il suffit de faire une demande sur papier libre en douze exemplaires. »

Tout autre aurait pu se sentir découragé. Mais Rouletabosse, à l'Institut universitaire de technologie, avait étudié la bureaucratie comparée comme matière à option. Désireux de remplir au plus vite les formalités nécessaires, il remercia le milicien.

« De rien, *tchariktchik,* de rien. Quand tu seras à Mokraïa Kouritsa, si jamais tu y arrives, demande le mireur d'œufs de première classe Pavel Pavlovitch Pavlov et dis-lui que tu viens de la part de son frère Nikita. Bon voyage, *tchariktchik* ! »

En moins d'une heure, Rouletabosse avait déposé les douze demandes, obtenu et rempli les quatre formulaires en trente exemplaires au total, retiré le certificat avec ses trois visas et reçu d'une

employée souriante du ministère de l'Agriculture un petit bout de papier illisible qui, lui dit-elle, lui donnait le droit de se rendre à Mokraïa Kouritsa.

Il y fut à la fin de l'après-midi sans que d'ailleurs personne ne lui ait demandé la précieuse autorisation. L'autobus le déposa devant le bureau du kolkhoze au moment où l'équipe du soir relevait l'équipe du jour. Il entra et demanda Pavel Pavlovitch Pavlov à l'employée qui, derrière son guichet, avait l'air d'une grosse poule couveuse dans sa volière.

« Pavel ? C'est lui qui s'en va là-bas. En roulant assez vite, petite boulette, tu dois pouvoir le rattraper avant qu'il n'ait vidé sa première bouteille de vodka. »

C'était médisance pure, car Pavel ne vidait sa bouteille de vodka que le samedi soir, et on était un mardi. Il accueillit Rouletabosse avec de grandes démonstrations de joie quand il apprit que son visiteur connaissait son frère Nikita, le milicien de Moscou.

« Tu sais, dit-il, Nikita a beau être dans la police, c'est un gentil garçon, mais pour ce qui est de s'occuper des poules, il n'avait pas la main. On a essayé de l'employer à l'emballage des œufs, mais je n'ai jamais vu quelqu'un en casser autant que lui ! Je suis même surpris, *tchariktchik*, qu'avec la forme que tu as, il ait réussi à t'expédier jusqu'ici sans te fêler quelque chose. »

Rouletabosse avait bon caractère, mais s'il y avait une chose qu'il ne pouvait souffrir, c'était qu'on le comparât à un œuf. Il fit gentiment, mais fermement, remarquer à Pavel Pavlovitch que lorsqu'on est rond, on n'est pas forcément ovoïde.

« Bien sûr, bien sûr, répondit l'autre. Ne te fâche pas, *tovaritch tchariktchik,* mais, vois-tu, dans ce kolkhoze nous produisons aussi des œufs ronds. C'est une question d'efficacité : les œufs ronds sont plus faciles à emballer et résistent mieux au transport. Notre camarade, l'ingénieur Serguieï Vissarionovitch Goloubkine, est arrivé à sélectionner une race de poules qui pondent des œufs comme des balles de ping-pong. Dans deux ou trois ans, les œufs de Mokraïa Kouritsa seront tous comme des balles de tennis et c'est eux qui te ressembleront, *tchariktchik.* »

Au club du kolkhoze, Pavel offrit une bière à Rouletabosse.

« Si tu préfères de la vodka, *tchariktchik,* dis-le franchement. Moi, aujourd'hui, je ne bois que du thé, et je ne suis pas le seul ! Vois-tu, dimanche, tout le kolkhoze a fêté la médaille de l'Ordre de Lénine qui a été décernée à Serguieï Vissarionovitch.

— Pour les œufs ronds ?

— Non. Pour ça, il a déjà obtenu la médaille du Travail socialiste. L'Ordre de Lénine, c'est à cause de sa dernière invention, la méthode bureaucratique d'alimentation de la volaille. N'en as-tu pas entendu parler ?

— Si, et c'est justement pourquoi je suis ici. Dis-moi, Pavel, cette méthode... »

A ce moment la porte du club s'ouvrit et un grand diable haut en couleur, roux de barbe et de tignasse, fit irruption dans la salle.

« Holà ! Pavel Pavlovitch ! Es-tu vraiment une poule mouillée ? On me dit que depuis dimanche, tu ne bois que du thé ! Il va pourtant falloir te préparer à fêter une nouvelle conquête de la technologie soviétique ! »

Triomphalement, il sortit de sa poche une bouteille pleine d'un liquide incolore. Il allait en emplir les verres quand son œil tomba sur Rouletabosse.

« Qu'est-ce que c'est, Pavel ? Un œuf d'éléphant ou de baleine ?

— C'est *tchariktchik*, camarade ingénieur. Il est envoyé par mon frère Nikita qui est milicien à Moscou. »

La main en battoir du nouveau venu s'abattit sur le dos rond de Rouletabosse.

« Bienvenue à Mokraïa Kouritsa, citoyen Tchariktchik ! »

Un peu irrité d'être encore pris pour un œuf, Rouletabosse répondit assez sèchement :

« Je ne m'appelle pas Tchariktchik, citoyen ingénieur, je m'appelle Rouletabosse et je suis un journaliste français.

— Un journaliste ? Formidable ! Moi, je suis Serguieï Vissarionovitch Goloubkine. »

Rouletabosse dégagea péniblement ses doigts de la puissante étreinte de l'ingénieur et saisit son stylo.

« C'est justement vous que je viens interviewer, Serguieï Vissarionovitch. Vous permettez que je prenne des notes ? »

ДОСКА ПОЧЕТА
СЛАВА ЯАЙЦУ!
ПРИКАЗ
ЦИРКУЛАР
РКУЛАР
ПИВ

Goloubkine remit la bouteille dans sa poche.

« Pas ici, mais dans mon laboratoire, citoyen journaliste français Tchariktchik Rouletabosse. Il faut que tu voies les choses concrètement. »

Au moment de sortir, il demanda :

« Je suppose qu'ils t'ont donné une autorisation à Moscou ?

— La voici, Serguieï Vissarionovitch, je suis en règle. »

Goloubkine considéra tristement le petit morceau de papier.

« Oh ! ce n'est pas la question, mais je suis vraiment peiné de voir comment les gens de Moscou méprisent les grandes traditions de la bureaucratie. Ce papier est d'une dimension ridicule. Bientôt ils délivreront leurs autorisations sur des timbres-poste ! Tu ne trouves pas ça lamentable, Pavel ?

— Lamentable, camarade ingénieur. Autrefois, rien que pour aller livrer un colis d'œufs à la gare, il fallait au moins quatre pages de tampons et de signatures !

— Je me moque bien des tampons et des signatures ! C'est le papier qui m'intéresse. Sais-tu comment j'appelle cela ? Du sabotage économique, voilà ce que c'est ! »

Il sortit de fort méchante humeur, Rouletabosse roulant dans son sillage. Quand ils parvinrent au laboratoire, cependant, il s'était calmé et son naturel jovial avait repris le dessus.

Le laboratoire était une vaste salle tapissée de volières caquetantes. Il y régnait le plus grand désordre et une forte odeur de crotte de poule. Goloubkine tira deux verres d'un placard et y versa un peu du contenu de la bouteille qu'il tira de sa poche.

« Goûte-moi ça, l'ami ! A ta santé, *do dna !* »

Do dna, en russe, veut dire « cul-sec ». Bien qu'il ne fût guère buveur, Rouletabosse s'exécuta, car un bon journaliste ne doit jamais reculer devant l'épreuve. Ce fut imprudent de sa part : le liquide avait goût d'alcool à brûler parfumé à l'encre d'imprimerie et au détergent lave-vaisselle.

« Hum ! dit Goloubkine. Il y a encore un petit quelque chose à mettre au point. Que dis-tu de ma vodka, *tchariktchik ?*

— Avec... avec quoi la fabriquez-vous ? demanda péniblement Rouletabosse.

— C'est là toute l'histoire, et je vais te la raconter. Mais auparavant, il faut que je te présente la véritable héroïne. C'est elle que tu devrais interviewer. »

Il s'approcha d'une vaste volière au milieu de laquelle somnolait une énorme poule blanche sur un perchoir de bois doré. Le ruban et la médaille de l'Ordre de Lénine étaient accrochés au grillage.

« Voici Babouchka, dit Goloubkine. C'est la seule survivante d'une couvée de cinq mille poussins, mais elle en a sauvé des centaines de milliers d'autres ! »

Il versa quelques gouttes de sa vodka dans le petit abreuvoir de zinc.

« A ta santé, Babouchka ! *Do dna !* »

La grosse poule battit lourdement des ailes et vint se percher à côté de l'abreuvoir. Elle fit couler la vodka dans son bec en tendant le cou d'un air de profonde satisfaction. Ayant retrouvé ses réflexes, Rouletabosse prenait force photographies, et chaque fois qu'il faisait fonctionner le flash, Babouchka se rengorgeait, comme si elle avait su qu'elle posait pour la presse.

Revenu à son bureau, Goloubkine laissa errer pensivement ses yeux sur les volières.

« Autrefois, dit-il, quand le kolkhoze n'était pas développé comme il l'est maintenant, il n'y avait pas de problème pour l'alimentation des poules. On leur donnait du maïs et tout se passait bien... »

Ainsi commença une longue histoire qu'il nous faut maintenant résumer un peu.

L'époque du maïs fut à Mokraïa Kouritsa une époque heureuse et sans histoire jusqu'au jour où arriva une circulaire détaillée du comité des Approvisionnements qui s'inspirait d'une Directive générale du ministère de l'Agriculture, elle-même reprenant les termes d'une déclaration du Premier secrétaire du Parti de l'Union soviétique. Cela faisait en tout plus de trois cents pages. Il y était rappelé de diverses façons que le maïs était l'or de l'Union soviétique et qu'il convenait de ne pas le gaspiller.

Comme, à Mokraïa Kouritsa, il n'y avait rien d'autre que du maïs pour l'alimentation des poules, le Comité du kolkhoze décida de réduire les rations de quinze pour cent et estima avoir ainsi accompli son devoir civique. Mais quelques semaines plus tard, il fut détrompé par la visite d'un inspecteur de District.

« Camarades, dit l'inspecteur au comité, je vous rappelle que le paragraphe 4 de l'alinéa 27 *bis* de la circulaire dit expressément : « Pas de maïs pour « les poules. » C'est clair !

— C'est très clair, camarade Inspecteur, répondit le responsable aux approvisionnements, mais je n'ai pas pu trouver le paragraphe qui indique ce qu'on doit donner aux poules à la place du maïs.

— Ce point, dit l'inspecteur, sera précisé par des circulaires d'application que vous recevrez prochainement. Contentez-vous de ne pas donner de maïs, et attendez les circulaires ! »

Il y eut quatorze circulaires d'application, chacune de quatre cents pages, mais aucune d'entre elles ne suggérait de solution.

« Ce fut alors, dit Goloubkine, une période noire. Les poules dépérissaient à vue d'œil. On leur donnait les restes de la cantine et quelques grains de riz avarié retrouvés au fond d'un silo, mais les poussins ne résistaient pas à ce régime : en moins d'un mois, la couvée à laquelle appartenait Babouchka perdit la moitié de son effectif. »

Un jour pourtant, le responsable aux approvisionnements découvrit un stock de blé rouillé dans un kolkhoze d'Ukraine. A sa grande surprise, il n'eut aucun mal à se procurer les autorisations nécessaires et, en quelques semaines, parvint à remplacer le maïs par du blé dans les silos. C'était du grain de mauvaise qualité, mais les poules faisaient bombance. Bientôt elles eurent retrouvé leur plumage luisant et leurs crêtes éclatantes.

Tout allait donc pour le mieux quand, de nouveau, survint l'inspecteur. Il visita le kolkhoze en hochant la tête.

« C'est très bien, camarades, mais que donnez-vous à vos poules ?

— Du blé, camarade Inspecteur.

— Du blé ! N'avez-vous donc pas reçu la circulaire détaillée modificative ?

— Pas encore, camarade Inspecteur. »

Il tira de sa serviette gonflée à craquer une liasse de papiers d'au moins cinq cents pages.

« Eh bien ! la voici ! Lisez-la. Vous y verrez qu'au moment où notre pays est contraint d'importer du blé à cause de mauvaises récoltes, c'est un crime économique de gaspiller cette précieuse céréale. Pas de blé, camarades, c'est le mot d'ordre !

— Même du blé rouillé ?

— La circulaire ne mentionne aucune qualité de blé en particulier.

— Alors on peut revenir au maïs, camarade Inspecteur ?

— La première circulaire détaillée n'a pas été abrogée, que je sache ! répondit l'inspecteur d'un ton sarcastique. Pas de blé, pas de maïs, c'est simple !

— Mais comment allons-nous faire ?

— Attendez les circulaires d'application, camarade responsable aux approvisionnements ! »

A ce point de son récit, Goloubkine poussa un soupir.

« C'est ainsi que tout a commencé, *tchariktchik.* Des circulaires d'application, il y en eut deux camions complets. Comme les archives ne tenaient plus dans le bureau du kolkhoze, on décida de les entreposer dans un des silos vides. Et cela continua. Le responsable aux approvisionnements essaya tour à tour le millet, le soja, le tournesol, l'ers sauvage, l'avoine, l'orge, le seigle, le sarrasin. Chaque fois, l'inspecteur surgissait avec un *niet* implacable. Et chaque fois des chargements de circulaires détaillées et de circulaires d'application se déversaient dans les silos où il n'y eut bientôt plus de place pour le grain. Le malheureux responsable aux approvisionnements en perdit la raison, au point qu'un matin on le surprit en train de distribuer des piécettes de monnaie aux poules en disant à chacune : « Tiens, voilà « dix kopeks. Débrouille-toi pour t'acheter à « manger. »

— Et qu'arriva-t-il aux poules ? demanda Rouletabosse.

— Elles mouraient de faim, *tchariktchik.* On m'avait confié, pour que je cherche une solution, les survivantes de la couvée de Babouchka, mais elles moururent toutes en quelques jours, maigres comme des coucous, sauf Babouchka qui était devenue une belle poule bien grasse, pleine de vie et d'entrain. Pendant tout le temps que dura cet enfer, elle ne manqua jamais de pondre son œuf tous les jours. Et pas des œufs de pigeon, *tcharik-tchik,* mais de vrais phénomènes d'œufs, gros comme des pommes. Leur coque était fine et dure comme de la porcelaine, leur jaune avait la couleur

de l'ambre et le parfum de la noisette sauvage. Naturellement, je compris tout de suite qu'elle avait un secret. Mais lequel ? Il n'y avait rien à manger pour les poules au kolkhoze, à part un peu de paille hachée et les restes de la cantine. J'observai que, deux fois par jour, Babouchka disparaissait de la basse-cour et ne revenait qu'au bout d'un long moment avec l'air satisfait d'une poule bien nourrie. J'essayai de la suivre, mais va suivre une poule, *tchariktchik,* quand elle est capable de se faufiler dans un trou de rat ! J'imaginai de lui accrocher un grelot au cou, mais elle était maligne : tu ne me croirais pas si je te disais qu'elle arrivait à enfouir le grelot dans les plumes de son jabot au point qu'on ne l'entendait plus du tout ! C'est alors que j'eus l'idée de remplacer le grelot par un petit émetteur de radio. Ce fut un jeu d'enfant de la localiser. Et sais-tu où je la découvris ?

— A la cantine ?

— Pas si bête que de se contenter de notre ordinaire ! Non, elle était dans un des silos où l'on entreposait la paperasse. Elle avait fait un trou dans le grillage avec son bec et elle mangeait le papier !

— Le papier ?

— C'est comme je te le dis, *tchariktchik.* Elle mangeait le papier des circulaires. Voilà quel était son secret ! Alors pour moi, ce fut la lumière. Je compris pourquoi le comité des Approvisionnements ne nous avait jamais dit ce qu'il fallait donner à manger aux poules si on ne leur donnait ni maïs, ni blé, ni millet, ni soja, ni tournesol, ni ers sauvage, ni avoine, ni orge, ni seigle, ni sarrasin. La réponse n'était pas écrite dans les circulaires parce que les circulaires étaient elles-mêmes la réponse : c'était elles que les poules devaient manger ! Tu vois, *tchariktchik,* on dit souvent bien du mal de la bureaucratie, et moi tout le premier, mais ce jour-là j'ai dû reconnaître son mérite. Si l'on se met à manger le papier, c'est la bureaucratie qui nous fera vivre, car c'est elle la plus grande productrice de papier du monde ! Vous avez la bureaucratie en France ?

— Bien sûr, Serguieï Vissarionovitch. Nous l'appelons l'Administration.

— Et elle produit du papier ?

— Des milliers de tonnes, Serguieï Vissarionovitch.

— Alors vous êtes sauvés, et vos poules ne mourront jamais de faim, car moi, Serguieï Vissarionovitch Goloubkine, j'ai rationalisé la découverte de Babouchka. Il m'a fallu du temps pour analyser le papier, isoler les produits nourrissants qu'il contient, et plus de temps encore pour mettre au point la méthode industrielle qui permet de produire du grain artificiel à partir du papier administratif. La source est inépuisable. A la suite de mon invention, il y eut trois commissions d'enquête, douze missions d'experts et vingt colloques de spécialistes. Cela faisait déjà quinze tonnes de papier, rien que pour Mokraïa Kouritsa. Ensuite le Premier secrétaire du Parti de l'Union soviétique a fait une nouvelle déclaration qui a entraîné trois directives générales du ministère de l'Agriculture et seize circulaires détaillées du comité des Approvisionnements. Sans parler des rapports de l'Académie des sciences, des études de l'Institut agronomique et des coupures de presse, il entre maintenant au kolkhoze plus de vingt tonnes de papier par mois ! Il a fallu faire construire des silos supplémentaires, mais la matière première est tellement abondante que nous n'arrivons pas à utiliser tout le papier qui nous arrive. C'est pourquoi je me suis mis à lui chercher d'autres utilisations. La vodka que tu as bue est une première tentative. Je distille le papier dans l'alambic que tu vois là-bas. »

Il versa une goutte dans le verre de Rouletabosse.

« L'autorisation qu'on t'a donnée à Moscou, voilà à peu près ce qu'elle donne. Tu m'avoueras que ces gens-là sont un peu chiches ! Mais tu vas écrire des articles dans ton journal, *tchariktchik ?* Combien de pages ?

— Cela dépend du *boss,* Serguieï Vissarionovitch. Peut-être une page et demie, deux pages... »

Goloubkine versa un demi-doigt de vodka.

« Envoie-moi tes articles. Voilà ce qu'ils donneront.

— Il faut aussi, dit Rouletabosse, compter les billets d'avion, les formulaires que j'ai dû remplir pour venir ici, les feuilles de mon carnet, le papier sur lequel j'écrirai mes articles, peut-être le télex que j'enverrai à mon journal... »

Chaque fois, Goloubkine versait un peu plus de vodka, si bien que le verre fut bientôt plein.

« Buvons, dit Goloubkine, à la dernière conquête de la technologie soviétique : la vodka Babouchkaïa, car c'est ainsi que je l'appellerai en l'honneur de notre héroïne ! *Do dna !* »

Cette fois, le liquide parut plus buvable à Rouletabosse.

« Tout dépend, expliqua Goloubkine, de la qualité du papier et surtout de l'encre. Je vais te faire goûter une vodka distillée à partir de Documents émanant des Plus Hautes Autorités de l'État. »

Il tira une bouteille d'un tiroir de son bureau et emplit à nouveau les verres.

« Goûte-moi ça, *tchariktchik. Do dna !*

— C'est plus fin », dit Rouletabosse d'une voix un peu pâteuse.

Goloubkine leva le doigt sagacement.

« Première loi de l'Agronomie bureaucratique : plus les papiers sont cueillis loin du tronc, plus ils sont imbuvables. Le meilleur jus est à la racine, mais attention ! il porte à la tête et on n'y voit plus clair. »

Ainsi commença une longue veillée dont Rouletabosse ne sut jamais exactement comment elle se termina. Sa dernière vision fut l'œil rond de Babouchka qui le fixait d'un air moqueur.

Il s'éveilla le lendemain matin, avec une forte migraine, dans la maison de Pavel. Ce dernier lui apporta une tasse de thé.

« Tu n'étais pas brillant, *tchariktchik,* quand le camarade ingénieur Serguieï Vissarionovitch Goloubkine t'a ramené cette nuit de son laboratoire ! Que penses-tu de son invention ?

— Pour ce qui est de nourrir les poules, dit Rouletabosse, c'est génial, mais pour ce qui est de faire boire les gens, je trouve que c'est imprudent.

— Ne t'en fais pas, *tchariktchik,* c'était simplement une manière de te faire goûter à l'hospitalité soviétique. Goloubkine a dans son sac bien autre chose que du grain ou de la vodka. Reste avec nous un peu et tu verras qu'avant un an le kolkhoze de Mokraïa Kouritsa sera le plus grand centre de production alimentaire de toute l'Union soviétique !

— Je ne peux pas rester. Quelle heure est-il ?

— Huit heures du matin.

— Il faut que je téléphone mes articles avant ce soir. Il y a un autobus pour Niktograd ?

— Il est parti il y a une demi-heure, mais si tu es si pressé, il y a un camion d'œufs qui part pour Novgorod dans dix minutes. Tu y seras à temps pour attraper l'avion de Moscou. »

C'est ainsi que Rouletabosse rédigea ses articles roulé en boule entre deux caisses d'œufs. Les cahots du camion le gênaient bien pour écrire, mais en arrivant à Novgorod il avait terminé un grand article de première page intitulé LE SECRET DE BABOUCHKA, suivi d'une note en deux colonnes sur Serguieï Vissarionovitch : UN HÉROS DU TRAVAIL SOVIÉTIQUE, L'INGÉNIEUR S.V. GOLOUBKINE, et d'une brève chronique dont le titre était L'HOMME NE VIT PAS SEULEMENT DE VODKA.

L'avion se posa à Moscou à trois heures de l'après-midi. Il n'était qu'une heure en France. Rouletabosse eut tout le temps de faire développer ses photographies de Babouchka et de les expédier par bélinogramme, puis il se rendit au central téléphonique et appela son journal en P.C.V. La standardiste lui passa une sténographe à qui il dicta ses articles. Il allait raccrocher quand la standardiste lui dit :

« Attendez ! Le *boss* veut vous parler. »

La voix de Bob Morasse retentit sèchement dans ses oreilles.

« Tu as dicté tes papiers, petit ? Bon, on verra ce qu'ils valent. Tu es à Moscou ?

— Oui, je prends l'avion pour Paris demain matin.

— Non, tu le prends ce soir pour Tachkent et de là pour New Delhi. Tu trouveras mes instructions en arrivant, au guichet d'Air France. Tes billets t'attendent à l'aéroport de Moscou. Et, souviens-toi, je veux de la copie après-demain. Bon voyage ! »

Rouletabosse eut tout juste le temps de faire un saut jusqu'à la place Rouge pour remettre au milicien Nikita une boîte d'une douzaine d'œufs de la part de Pavel et un petit flacon de vodka de la part de Goloubkine.

« Tâche de revenir, petite boulette, dit Nikita. Je te ferai visiter Moscou. Ce n'est pas la peine de faire un si grand voyage pour ne rien voir ! »

Et ce soir-là, dans l'avion, Rouletabosse éprouva pour la première fois cette nostalgie qui rend triste la moustache des journalistes : ne rien savoir sur tout et tout regarder sans n'avoir jamais rien vu.

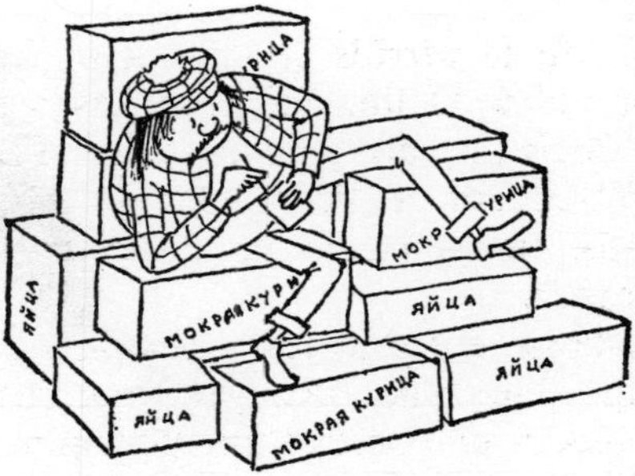

Le diable de Mahagunga

Le lendemain, Rouletabosse vit l'aube se lever sur les montagnes neigeuses de l'Himalaya, qui sont les plus hautes du monde. Il était environ dix heures du matin quand son avion atterrit à Palam, l'aéroport de Delhi. En réalité, il n'était que six heures et demie à Paris et sept heures et demie à Moscou. Avec l'escale de Tachkent, il n'avait guère eu le temps de dormir, mais les vapeurs de la vodka Babouchkaïa s'étaient dissipées au cours du voyage, et l'excellent thé de Darjeeling, que lui servit l'hôtesse en sari vert un peu avant l'atterrissage, acheva de le réveiller.

En sortant de la douane, il eut la surprise de voir son nom inscrit en grosses lettres bleues sur une pancarte que tenait un jeune homme mince coiffé d'un calot rose carmin et vêtu d'une chemise jaune citron dont les pans flottaient sur un pantalon bouffant de cotonnade blanche. Il s'avança vers lui. L'autre mit la pancarte sous son bras, joignit les mains et s'inclina légèrement.

« N'êtes-vous pas M. Loula Tabose ? demanda-t-il en français.

— Loula Tabose ?... Ah ! Rouletabosse ! Oui, c'est bien moi.

— Soyez le bienvenu en Inde. Je suis Dina Chatterji et je fais partie du bureau de l'agence France-Presse de New Delhi. Votre rédacteur en chef est un ami de notre directeur, et il nous a télégraphié en nous demandant de vous aider à votre arrivée. Que puis-je faire pour vous ?

— Je ne sais pas encore. Il faut que j'aille chercher mes instructions au bureau d'Air France. »

L'hôtesse les reçut avec un sourire.

« Oui, monsieur Rouletabosse, le stewart du vol 190 a laissé une enveloppe pour vous. »

L'enveloppe ne contenait qu'une dépêche arrachée d'une bande de télétype :

NEW DELHI. Une mystérieuse invasion d'animaux monstrueux et inconnus sème la panique dans la province de l'Uttar Pradesh autour du village de Mahagunga. Plusieurs villageois ont été attaqués et blessés par des monstres qu'ils décrivent comme des dragons cornus. Le gouvernement de la province a déclaré l'état de siège dans le secteur.

Rouletabosse montra la dépêche à Chatterji.

« Vous êtes au courant ? »

Chatterji lut avec attention, puis fit osciller sa tête de gauche à droite et de droite à gauche. Tout autre voyageur novice aurait pensé qu'il disait non, mais Rouletabosse avait appris au séminaire d'ethno-sémantique de l'Institut universitaire de technologie qu'en Extrême-Orient, quand on fait non avec la tête, cela veut dire oui et réciproquement.

« Bien sûr, c'est nous qui avons envoyé cette information.

— Cette histoire de dragons cornus, c'est sérieux ?

— Qui peut dire ce qui est sérieux et ce qui ne l'est pas dans ce pays ? Les paysans sont ignorants et superstitieux. Ils ont cru voir des dragons. Mais il s'agit peut-être de démons. Kali est très puissante dans ce coin. »

Rouletabosse n'avait pas suivi le séminaire de religions comparées, car il avait la grippe cette semaine-là, mais il savait grâce au Petit Larousse que dans la religion hindouiste, Kali est la déesse de la mort et de la destruction.

Dans le taxi il demanda :

« Vous êtes hindouiste ?

— Non, je suis catholique, mais il ne faut jamais mésestimer les dieux des autres. C'est imprudent.

— Vous parlez admirablement le français.

— Je suis de Chandernagor. »

Naturellement Rouletabosse connaissait par cœur la liste des anciennes villes françaises de l'Inde : Pondichéry, Karikal, Chandernagor, Yanaon, Mahé. Il se répétait ces noms comme une comptine en laissant errer son regard sur les couleurs pâles de la banlieue de New Delhi. Le long des larges avenues une foule blanche s'écoulait dans les deux sens en un flot continu et pressé, s'écartant parfois pour laisser passer un attelage de chameaux, un taxi-bicyclette ou un grand autobus rouge à deux étages, pareil à ceux de Londres. Aux carrefours, des agents de la circulation en culotte courte et coiffés de turbans bariolés, faisaient des gestes sur leurs miradors, à l'abri d'un parasol. Rouletabosse avait peine à imaginer que la veille à la même heure il cahotait dans le camion d'œufs entre Mokraïa Kouritsa et Novgorod. Conscient soudain de la chaleur étouffante, il ôta la casquette écossaise et la mit dans sa poche.

« Comment peut-on aller à... Mahagunga ?

— Je ne sais pas exactement. C'est quelque part au bord du Gange, en direction d'Agra. Je viens de penser que le mieux serait sans doute d'aller voir tout de suite le professeur Bandar Lal. J'ai appris ce matin qu'il était chargé de diriger l'enquête scientifique sur l'affaire de Mahagunga. Il est probable qu'il va s'y rendre aujourd'hui même.

— Alors allons-y. »

Chatterji donna des instructions au chauffeur en ce qui paraissait être de l'anglais. Ce ne fut pas sans peine, car il parlait manifestement l'anglais moins bien que le français et le chauffeur ne semblait le comprendre que très approximativement.

« Pourquoi ne lui parlez-vous pas hindi ? demanda Rouletabosse. C'est bien la langue du nord de l'Inde ?

— Oui, mais c'est un homme du sud : il ne parle que le mayalayam... et moi, je parle surtout le bengali. »

Le professeur Bandar Lal habitait dans une banlieue lointaine et il était presque midi lorsque, après avoir longé le Fort Rouge en bordure duquel

les teinturiers faisaient sécher leurs étoffes multicolores, après avoir fait d'interminables détours à travers les rues grouillantes de la vieille ville et longuement cahoté sur des chemins ravinés, ils arrivèrent devant sa maison. Un grand diable barbu et moustachu, coiffé d'un énorme turban mauve, chargeait des bagages dans une vieille Cadillac.

« C'est le professeur ? demanda Rouletabosse.

— Non, c'est son domestique Amar Singh. »

Quand les visiteurs se présentèrent, Amar Singh s'inclina majestueusement devant eux, la main sur le cœur, et les précéda dans la maison.

Avec ses favoris blancs et son visage fripé, le professeur Bandar Lal ressemblait à un vieux chimpanzé sagace. Il portait un costume de tweed et parlait l'anglais avec l'accent d'Oxford.

« Vous voulez aller à Mahagunga, monsieur

Rool Taboose ? Très bien, je vous emmène. Il y a largement la place dans ma voiture. Vous venez aussi ? demanda-t-il à Chatterji.

— Euh ! c'est-à-dire... je crains que le travail de l'agence... Je ne sais pas si mon directeur m'autoriserait...

— Eh bien, posez-lui la question. Le téléphone est dans mon bureau. Nous partirons aussitôt après le déjeuner. »

Ils se mettaient à table quand Chatterji reparut, l'air déprimé.

« Le directeur m'autorise à vous accompagner.

— Si cela doit vous gêner, ce n'est pas nécessaire, dit Rouletabosse en le voyant si peu enthousiaste.

— Le directeur insiste pour que je reste à votre disposition. »

Rouletabosse se dit que dans une agence de presse comme dans un journal, le *boss* a toujours raison.

Le repas était entièrement composé de légumes et de fruits, mais si merveilleusement préparés que Rouletabosse ne s'en aperçut que lorsque Bandar Lal le lui dit.

« Voyez-vous, j'appartiens à la secte Jain et ma religion m'interdit de manger de la viande.

— Je croyais que seule la viande de vache était interdite.

— C'est exact. Les hindouistes ne doivent jamais faire de mal à une vache et encore moins en manger, mais, entre nous, c'est moins une question de religion que de coutume et de bon sens. Quand on n'a presque rien pour élever son bétail, il vaut mieux boire du lait tous les jours que manger une fois pour toutes de la viande coriace !

— C'est tout de même une superstition ridicule, dit Chatterji d'un air supérieur. Nous autres, catholiques, nous ne croyons pas à ces balivernes.

— Vous mangez donc de la vache ?

— Euh... ce n'est pas absolument nécessaire...

— De toute manière, dit Bandar Lal, nous autres Indiens, nous sommes tellement nombreux que nous nous ennuierions terriblement si nous ne respections pas nos petites singularités. Mon jardinier Lalla Dinh, qui est hindouiste, ne peut pas manger de vache et Chatterji peut en manger, alors que moi, je ne peux manger que des légumes. De son côté, Amar Singh, qui est un Sikh, peut manger de la viande, mais ne peut se faire couper ni les cheveux, ni la barbe, ce qui l'oblige à porter un turban, alors que mon cuisinier Farish Ali, qui est Pathan, se rase le crâne, mais ne peut pas manger de porc. De votre côté, mon cher Rool Taboose, si vous avez un tabou qui vous interdit de manger des légumes, je puis vous faire servir du tandoori.

— Qu'est-ce que c'est ?

— Du poulet. »

Rouletabosse eut un frisson en songeant aux volières caquetantes de Mokraïa Kouritsa.

« Non, merci, Professeur, ceci est délicieux... »

Bandar Lal le considérait de ses petits yeux perçants.

« Mon cher Rool Taboose, excusez-moi si je me permets une question personnelle. C'est par pure curiosité scientifique. Avez-vous toujours affecté cette forme... hum !... sphérique qui vous caractérise ?

— Je crois que j'ai toujours été comme cela, Professeur.

— Ce n'est pas que je trouve cette forme laide, bien au contraire, mais, si je puis me permettre encore une autre question, dans votre enfance, n'étiez-vous pas un petit garçon très curieux et très remuant ? »

Mi-souriant, mi-rougissant, Rouletabosse rentra encore un peu plus sa tête ronde dans ses épaules rondes et murmura d'un air confus :

« Je crains bien que si, Professeur. C'est même pour cela que je suis devenu journaliste. »

Levant en même temps un doigt maigre et deux sourcils broussailleux, Bandar Lal s'exclama :

« Ah ! ah ! Nous y voilà ! Vous êtes l'illustration vivante de mes théories. Voyez-vous, je suis étho-morpho-biologiste, ce qui veut dire que j'étudie les changements que les êtres vivants apportent à leur apparence selon les besoins qu'ils éprouvent au cours de leur vie. Ainsi un melon est rond parce qu'il a besoin de se gonfler de jus et que c'est dans une sphère qu'on peut mettre le plus de liquide. Un oursin ou un hérisson sont ronds parce qu'ils ont besoin de se défendre de tous les côtés à la fois.

Vous êtes rond parce que vous avez besoin de courir dans toutes les directions et de regarder partout en même temps. Vous voyez le principe. C'est simple ! »

Intéressé, Rouletabosse avait tiré son carnet de sa poche et prenait discrètement des notes sous la table.

« Si vous permettez, Professeur, est-ce que vos théories ont quelque chose à voir avec le mystère de Mahagunga ?

— Bien sûr ! On me parle de monstres. Or un monstre, ce n'est jamais qu'un animal comme les autres qui a changé son apparence, et s'il a changé son apparence, c'est qu'il en avait besoin. Quand je saurai de quoi ces monstres avaient besoin, je saurai pourquoi ils sont devenus des monstres, ce qui fait que ce ne seront plus des monstres, mais des phénomènes naturels dont il ne sera plus nécessaire d'avoir peur. Logique, n'est-ce pas ? »

C'est seulement plus tard, dans la voiture, qu'une objection vint à l'esprit de Rouletabosse. Le professeur somnolait à côté de lui sur la banquette arrière. Amar Singh, qui conduisait, évoquait, avec son turban, la forme d'une église russe et Chatterji, avec son long cou triste et son calot de travers, faisait penser à un poulet anémique.

« Professeur, dit Rouletabosse, et si ces monstres n'existaient que dans l'imagination des paysans de Mahagunga ? En France, autrefois, dans une région qui s'appelle le Gévaudan, on a beaucoup parlé d'une bête monstrueuse qui n'était qu'un gros loup dont les habitants du pays avaient fait une sorte de diable. »

Les yeux mi-clos, Bandar Lal murmura :

« Si les paysans ont transformé le loup en diable dans leur tête, c'est qu'ils avaient besoin d'un diable dans leur tête et il faut savoir pourquoi, ou alors peut-être que le diable s'est transformé en loup parce qu'il avait besoin de faire croire qu'il n'était pas un diable, à moins que le loup... »

Sa voix traîna et il s'endormit profondément. Rouletabosse n'eut d'autre solution que de regarder la route et, certes, il y avait beaucoup à regarder, car cette route n'était autre que la Great Trunk Road, la grande route du nord de l'Inde et du Pakistan qui, de la vallée de l'Indus à celle du

Gange, unit Peshawar à Calcutta sur plus de deux mille cinq cents kilomètres.

Et tout le long de ces deux mille cinq cents kilomètres, jour et nuit, il y a des gens qui marchent, des voitures qui roulent, des mendiants, des marchands, des paysans, des bonzes en robe jaune, des prêtres de Vichnou couverts de peintures étranges, des pèlerins, des fous, des sages, des éléphants, des chameaux, qui s'arrêtent, se rencontrent, se parlent, se disputent, se quittent, s'installent, repartent, et surtout des vaches qui se promènent.

Ce sont des vaches maigres, aux côtes saillantes, mais sur la route, elles ont la priorité. Souvent Amar Singh devait arrêter sa voiture devant les deux gros yeux songeurs d'une vache triste qui contemplait son turban mauve à travers le pare-brise comme si elle se demandait si ce ne serait pas quelque nouvelle espèce de légume comestible. Imperturbable, Amar Singh rendait regard pour regard et attendait.

De temps en temps, sur le bord de la route, une vache bousculait un étal ou y cueillait au passage quelque verdure. Il arrivait alors que le marchand, d'un geste discret, mais ferme, lui allonge un coup de gourdin sur le museau assez habilement pour que cela puisse avoir l'air d'une sorte de caresse maladroitement respectueuse. La vache ne s'y trompait pas : elle s'en allait au grand trot de ses pattes maigres, jetant le désordre dans la circulation.

Parfois, aux abords d'un village, on entrevoyait une fontaine autour de laquelle les saris des femmes assemblées paraissaient un parterre de violettes de Parme, de boutons-d'or, de roses trémières et de bougainvillées.

La nuit commençait à tomber quand la voiture s'engagea sur le chemin de terre menant à Mahagunga. Il traversait un plateau vert et ocre s'élevant en pente douce jusqu'au bord du Gange pour se terminer par une falaise au bord de laquelle s'égrenaient des villages.

Mahagunga n'était pas encore en vue quand, à un détour du chemin, un soldat en turban kaki leur barra la route. Une longue discussion s'engagea entre lui et Amar Singh. Bandar Lal, puis Dina Chatterji s'y joignirent, chacun essayant de servir d'interprète à l'autre, car aucun ne parlait la même langue. Chandar Lal avait sorti de sa poche une liasse de papiers officiels qu'il brandissait furieusement sous le nez du soldat. Rouletabosse se demanda combien de verres de vodka l'ingénieur Goloubkine en eût tirés.

Au bout d'un quart d'heure, le soldat fit signe à la voiture de s'engager dans un sentier qui menait à un petit ravin.

« Ce sont de bons soldats, ces Gurkhas, dit Bandar Lal, mais ils n'ont aucun sens de l'organisation administrative. »

Au fond du ravin, ils débouchèrent dans un campement militaire. Une sentinelle les conduisit jusqu'à une grande tente où brillait une lumière. L'officier qui vint les accueillir à l'entrée portait une petite moustache blanche retroussée en croc et un stick sous le bras.

« Professeur Bandar Lal, je suppose? dit-il en anglais. Je suis le colonel Sikandar Khan et je commande le détachement de sécurité. »

Bandar Lal fit les présentations.

« How do you do, Mr. Woolly Tabby? » dit le colonel en serrant la main de Rouletabosse.

Loula Tabose, Rool Taboose, Woolly Tabby... Rouletabosse prenait l'habitude de porter un nom différent pour chaque personne qu'il rencontrait.

Dans la tente, éclairée par une lampe à pétrole, une carte d'état-major était étalée sur une table. Dans un coin était accroupi un paysan au teint acajou. Il tenait entre ses mains, comme un cierge, le long canon d'un fusil de chasse.

« C'est Kala Chundra, le chasseur du village de Mahagunga, dit le colonel Sikandar Khan. Il est le seul qui ait vu la bête et même tiré sur elle.

— Vous parlez d'une seule bête, Colonel, dit Rouletabosse. D'après les renseignements qu'on nous a donnés, il y en aurait plusieurs. La dépêche mentionne même une invasion. »

Le colonel montra la carte.

« Il y en a peut-être plusieurs, mais regardez : j'ai marqué sur cette carte tous les points où des incidents se sont déroulés au cours du dernier mois. Un villageois blessé ici, trois chèvres dévorées là, une femme attaquée près de cette fontaine... vous voyez, il y a une vingtaine de points, et ici, c'est l'endroit où Kala Chundra s'était mis en embuscade. Si l'on réunit les points par un trait, cela fait songer à un animal errant, mais certainement pas à une invasion. Je me demande qui a pu inventer pareille sottise. »

Rouletabosse regarda Dina Chatterji qui détourna la tête d'un air gêné.

« Vous savez, Colonel, dit-il avec un sourire, il arrive que les gens qui rédigent les dépêches d'agence de presse aient un peu trop d'imagination. »

Amar Singh était allé s'accroupir auprès de Kala Chundra et avait engagé avec lui une longue conversation. Penché sur la table, Bandar Lal étudiait la carte avec une loupe.

« D'après les trajets parcourus, dit-il, nous avons affaire à un animal qui chemine assez lentement, ce qui exclut un tigre ou une panthère. A la rigueur, on pourrait songer à un ours, mais il n'y en a pas par ici. Que disent les témoignages ?

— Pas grand-chose, je le crains, Professeur, répondit Sikandar Khan. Il y en a qui parlent d'un rugissement très profond, qui ressemble au son d'une trompe, d'autres d'une grosse masse, comme un éléphant bas sur pattes. Il n'y a que Kala Chundra qui donne plus de détails.

— Que dit-il, Amar Singh ?

— Il dit que c'est un gros diable cornu, avec des yeux énormes et une langue rouge. Il pense que c'est une incarnation de Kali.

— Il a relevé des empreintes ?

— Il dit qu'il a trouvé la marque d'un sabot fendu. »

Bandar Lal se tourna vers Rouletabosse.

« Je crois que dans votre pays, mon cher Rool Taboose, les gens superstitieux prétendent que le diable a un sabot fendu.

— C'est exact, Professeur.

— En tout cas, c'est un diable qui a soif. J'observe que son trajet le conduit régulièrement auprès de points d'eau. C'est d'ailleurs auprès d'un point d'eau que Kala Chundra avait dressé son embuscade, n'est-ce pas ?

— Il dit que c'est toujours là que les chasseurs dressent leurs embuscades. Il avait attaché une chèvre auprès d'une petite mare, mais, en attaquant la chèvre, le monstre a fait dévier son fusil d'un coup de queue.

— Ainsi le monstre a aussi une queue ? Intéressant ! »

Il se pencha de nouveau sur la carte.

« A première vue, si l'on suit le trajet, la bête devrait aller s'abreuver en ce moment au réservoir de Jehlab. »

En entendant ce nom, Kala Chundra se mit à agiter frénétiquement la tête de gauche à droite et de droite à gauche en déversant un flot de paroles.

« Que dit-il, Amar Singh ?

— Il dit que c'est bien à Jehlab que le monstre va boire en ce moment et que c'est là qu'il faut dresser une embuscade.

— Eh bien, dit Bandar Lal, allons la dresser. Il n'est que neuf heures du soir. Nous avons largement le temps. Colonel, vous avez bien une chèvre ? Nous allons partir tout de suite.

— Il n'en est pas question, Professeur ! répondit Sikandar Khan. Je suis responsable de votre sécurité et je ne vous laisserai pas aller vous promener sans protection dans la campagne. Demain mes hommes cerneront la zone de Jehlab et la nuit suivante nous ferons une battue.

— Colonel, je représente ici le gouvernement de l'Inde et je n'ai pas d'ordre à recevoir de vous !

— Professeur, je représente ici l'armée des Indes et je suis mandaté par le gouvernement de l'Uttar Pradesh sur le territoire duquel vous vous trouvez ! »

L'altercation s'arrêta là. Bandar Lal leva les mains en signe d'impuissance.

« Bon, je suppose que le diable attendra une nuit de plus. Puis-je vous demander un whisky, Colonel ?

— Je croyais que les Jains ne buvaient pas d'alcool, lui souffla Rouletabosse.

— Vous oubliez que nous sommes en état de siège, mon jeune ami. Ce sont des circonstances exceptionnelles.

— Pourquoi cédez-vous si facilement, Professeur ? J'aurais bien voulu en avoir le cœur net dès cette nuit. »

Rouletabosse pensait que si les diables peuvent attendre, les rédacteurs en chef, eux, n'attendent jamais. Bandar Lal cligna un de ses petits yeux malins.

« Dans la jungle, dit-il, le Seigneur Tigre est le plus fort et le Peuple Singe est assez sage pour faire semblant de lui obéir. Allons nous coucher ! »

Les tentes réglementaires de l'armée ont été conçues pour des hommes plus longs que larges et non pour des hommes ronds, si bien que Rouletabosse, maussade, dut chercher longuement une position confortable avant de s'endormir.

Il fut tiré de son sommeil par une légère pression sur la protubérance que son dos rond faisait dans la paroi de la tente.

« Tabose Sahib, souffla la voix d'Amar Singh, le professeur vous attend. Suivez-moi et ne faites pas de bruit. »

Instantanément éveillé, il saisit son harnachement d'appareils photographiques et de magnétophones et sortit de la tente, non sans peine, car la toile l'enserrait de toutes parts.

Bandar Lal attendait dans un creux d'ombre, à la lisière du campement.

« Kala Chundra, dit-il, est allé chercher une chèvre au village. Amar Singh va retenir l'attention de la sentinelle pendant que nous sortons du campement. Nous nous retrouverons tous les quatre en haut du ravin. »

Un quart d'heure plus tard, ils commençaient une difficile progression sur le plateau couvert de buissons épineux. La chèvre et Kala Chundra s'en tiraient assez bien, mais les autres peinaient.

« A cette vitesse, grommela Bandar Lal, nous n'y serons pas avant une heure du matin. Ce sera trop tard.

— Quelle est la direction qu'il faut suivre ? demanda Rouletabosse.

— Vous voyez cette étoile brillante, là-bas ? C'est Sirius. Il faut se diriger droit vers elle jusqu'à la forêt qu'on distingue à l'horizon. Jehlab est derrière. »

On apercevait à peine la lisière de la forêt, car la lune en était tout juste au début du premier quartier.

« Laissez-moi faire, dit Rouletabosse, et suivez-moi. »

Il prit ses repères, se roula en boule et s'élança dans la direction indiquée, laissant derrière lui un sillage de buissons écrasés où l'on avançait facilement. D'innombrables animaux, éveillés par sa course rectiligne, s'enfuyaient en piaillant, glapissant, jacassant, grognant, caquetant. Il entrevit

même la forme d'un cobra dressé qui, à son approche, se faufila prestement dans l'herbe avec un sifflement de dépit.

Il était à peine plus de minuit quand ils arrivèrent devant les grandes citernes abandonnées de Jehlab. Du doigt, Kala Chundra en montra une où les étoiles miroitaient sur un plan d'eau tranquille.

Bandar Lal s'approcha et inspecta les lieux.

« Bien, dit-il, si les diables cornus ont les mêmes habitudes que les animaux de la jungle, le nôtre arrivera par la droite. Nous allons attacher la chèvre au pied de ce banyan et nous cacher parmi ces lianes. Vous avez votre fusil, Amar Singh ?

— Oui, Professeur Sahib.

— Ne tirez que si nous sommes vraiment en danger et dites bien à Kala Chundra de faire de même. Ce que nous voulons, c'est voir le monstre, pas le tuer. L'ennui, c'est qu'avec cette obscurité, il faudra s'approcher de très près.

— Professeur, dit Rouletabosse, j'ai un appareil photographique à développement instantané, muni d'un flash. Si j'arrive à prendre une ou deux photographies, nous pouvons être fixés tout de suite.

— Excellente idée, mon jeune ami. Maintenant, il ne nous reste plus qu'à attendre. »

L'attente fut longue. Il semblait à Rouletabosse que la nuit devenait de plus en plus obscure, mais moins on y voyait, plus on entendait. L'ombre s'emplissait de bruits légers, de froissements, de frôlements, de chuchotements, de clapotis. Par moments, quelque chose hurlait ou glapissait loin dans la jungle. C'est tout juste si l'on distinguait la silhouette de la chèvre à quelques mètres, mais on entendait le moindre de ses mouvements lorsqu'elle tirait sur sa corde.

Il y eut une alerte quand quelque chose s'approcha de l'eau et but à petits lapements. La chèvre s'agita, inquiète. Kala Chundra huma l'air et murmura quelques mots.

« C'est un chacal », traduisit Amar Singh.

Au bout d'un moment, la chèvre se calma et l'attente reprit. Il devait être deux heures du matin quand la chose se produisit avec une rapidité incroyable. Une masse plus sombre encore que la nuit s'abattit sur la chèvre qui poussa un bref cri d'angoisse. Il y eut un horrible craquement d'os broyés. Avec le réflexe du vrai journaliste, Rouletabosse avait déjà levé son appareil et appuyé sur le déclic. Aveuglé par le flash, il attendit cinq secondes que le cliché soit éjecté, réarma l'appareil et prit une deuxième photographie. Cette fois, ses yeux, mieux accoutumés à la lumière, crurent apercevoir une hideuse tête cornue à moins de deux mètres. Kala Chundra se mit à crier d'une voix de tête et pointa son fusil, mais Amar Singh releva le canon et le coup partit en l'air.

« Il dit qu'il a reconnu le diable. »

Déjà, Rouletabosse avait pris une troisième photographie. Ce diable devait avoir peur des coups de fusil, car on entendit un trot lourd qui s'éloignait et, de nouveau, ce fut le silence.

« Je crois qu'il est temps de faire la lumière », dit Bandar Lal en allumant une lampe électrique.

Au pied du banyan, la chèvre était horriblement déchiquetée.

« Voyons vos photographies, mon cher Rool Taboose. J'espère qu'elles sont bonnes. »

Rouletabosse ôta les pellicules révélatrices et tous quatre se penchèrent sur les clichés.

« Mais c'est une vache ! » s'écria Rouletabosse.

C'était effectivement une vache, il n'y avait pas à s'y méprendre. Sur le premier cliché, on la voyait de profil, les dents plantées dans la nuque de la chèvre. Sur le deuxième cliché, elle était de face et regardait l'objectif, mais avec un effroyable rictus de férocité qui ne rappelait en rien l'expression sereine et pensive des vaches qui voient quelque chose qu'elles ne comprennent pas. Sur le troisième cliché, juste après le coup de feu de Kala Chundra, elle était de trois quarts, cou tendu et patte levée, prête à s'enfuir.

Bandar Lal examinait le deuxième cliché avec une loupe.

« C'est une admirable illustration de mes théories, dit-il. Ce que vous voyez là, mon cher Rool Taboose, c'est le premier spécimen au monde d'une vache carnivore ! Regardez ses dents : elle a des incisives et de grosses canines qui empiètent légèrement sur sa lèvre inférieure, comme les crocs d'un molosse.

— Mais les vaches ne mangent que de l'herbe,

Professeur. Pourquoi celle-là se serait-elle mise à manger de la viande ?

— Parce qu'elle en avait besoin, mon ami. Vous avez vu comme les vaches sont maigres dans cette région. Il y en a qui sont de vrais squelettes. Sur le plateau, elles ne trouvent rien à brouter, et si elles vont dans la jungle, elles sont la proie des carnassiers. Alors celle-là, un beau jour, a trouvé la solution : elle s'est transformée en carnassière. C'était une question de vie ou de mort ! »

Kala Chundra s'en fut à Mahagunga porter la nouvelle. Les autres furent de retour au camp au moment où le clairon sonnait le réveil. Le colonel Sikandar Khan fut très fâché d'apprendre leur équipée nocturne, mais il se calma quand Rouletabosse prit sa photographie avec celle du professeur pour les publier dans son journal.

Après le petit déjeuner, Rouletabosse écrivit un article de cinq colonnes intitulé QUAND LES VACHES ONT DES DENTS. Il y joignit le premier cliché qui était le plus spectaculaire, mais que le professeur Bandar Lal estimait le moins intéressant du point de vue scientifique. En outre, il rédigea une note sur les théories du professeur dont il joignit la photographie. Il garda celle du colonel dans sa poche. Un bon journaliste sait que tout le monde a envie d'avoir son portrait dans le journal, mais il sait aussi qu'il n'y a pas de place pour tout le monde dans le journal. On peut toujours promettre.

Restait à envoyer tout cela. Le *boss* attendait la copie avant le soir, mais le flair de Rouletabosse lui disait que l'histoire n'était pas finie.

Il se mit à la recherche de Dina Chatterji et le trouva en train de prendre le thé avec les Gurkhas au milieu desquels il avait prudemment passé la nuit.

« Mon cher Chatterji, puis-je vous demander d'aller à Delhi et de faire transmettre mes articles par le télex de votre agence ? Je suis sûr que le professeur Bandar Lal se fera un plaisir de mettre sa voiture à votre disposition. »

Chatterji se fit un plaisir de quitter Mahagunga. Quant au professeur, il accepta d'autant plus volontiers qu'il désirait transmettre au plus tôt une note sur sa découverte à l'académie des sciences.

Au moment où Chatterji montait dans la voiture à côté d'Amar Singh, Rouletabosse lui glissa :

« Je suppose que votre agence va diffuser l'information. Je compte sur votre directeur pour laisser la primeur des détails à mon journal. »

A peine la voiture était-elle partie que le colonel Sikandar Khan faisait sonner le rassemblement et convoquait Bandar Lal dans sa tente. Rouletabosse suivit discrètement.

« Dès votre retour, dit le colonel, j'ai envoyé des patrouilles. Votre vache a attaqué et à moitié dévoré une autre vache à l'aube, tout près de Mahagunga. Un hélicoptère vient de la repérer sur le plateau. Je fais immédiatement cerner le secteur par mes hommes et nous commençons la battue dans une heure. »

Déjà, une file de jeeps chargées de Gurkhas remontait le sentier du ravin.

« Surtout que vos hommes ne tirent pas ! dit Bandar Lal. Je tiens à l'avoir vivante.

— Je vais établir mon poste de commandement à Mahagunga même. Si vous voulez venir avec moi, vous serez sur place. »

Rouletabosse se roula en boule à l'arrière de la jeep du colonel et suivit l'état-major en direction de Mahagunga.

Le village était une petite agglomération de cabanes en bois couvertes de palmes. Dès l'entrée, Rouletabosse fut saisi à la gorge par l'odeur âcre de la fumée qui sortait des portes à défaut de sortir par les cheminées absentes. Bandar Lal toussa et mit son mouchoir devant son nez.

« Du point de vue de l'odeur, dit-il, la bouse de vache séchée a ses inconvénients, mais c'est un excellent combustible. Vous voyez, Rool Taboose, si ces gens mangeaient leurs vaches, ils n'auraient même plus de quoi faire du feu ! »

La place du village s'étendait en bordure de la falaise qui surplombait les eaux grises du Gange d'une trentaine de mètres. Tout au bord de la falaise, se dressait un petit édifice tarabiscoté, peint en bleu pâle, jaune et rouge.

« C'est probablement le temple de Kali, dit Bandar Lal, et ce petit autel, en face, est visiblement consacré à Vichnou. »

Tous les habitants du village, hommes, femmes, enfants, étaient assemblés au milieu de la place et discutaient avec animation. A l'arrivée de la jeep, Kala Chundra se détacha de la petite foule et s'avança, suivi d'un vieil homme, torse nu, qui s'appuyait sur un bâton sculpté.

« Ah ! dit Sikandar Khan, c'est le chef du village. »

Tout le monde s'inclina, mains jointes devant la poitrine, sauf Rouletabosse qui prenait des photographies. Quand le chef se mit à parler, il déclencha son magnétophone. Malheureusement Amar Singh n'était pas là pour traduire. Ce fut Bandar Lal qui, un peu plus tard, lui résuma la harangue.

« Il dit que le village est partagé sur ce qu'il faut faire de la vache. Certains pensent que c'est une incarnation de Kali et qu'il faut la mettre dans une cage devant le temple. D'autres pensent qu'une vache est une vache et qu'il faut laisser celle-là en liberté sans lui faire de mal. Enfin, il y a ceux qui disent que cette vache est une vache qui a mangé de la vache, que par conséquent, ce n'est plus une vache et qu'il faut la tuer.

— Et qui l'emporte ?

— Personne pour le moment.

— Qu'en pense le chef ?

— Il dit que la volonté de Kali doit être respectée, mais qu'il faut aussi tenir compte de celles de Vichnou, du gouvernement, du peuple et de Ganesh.

— Qui est Ganesh ?

— C'est le dieu-éléphant. On l'appelle aussi le Seigneur des Obstacles. C'est un brave type et il est spécialiste des cas difficiles. Le chef va consulter l'oracle de Ganesh et faire voter démocratiquement la population.

— Cela va être long ?

— Je ne pense pas. Ils ne sont guère nombreux. »

Entre-temps, Sikandar Khan s'agitait et donnait des ordres.

« Professeur, Mr. Woolly Tabby, je viens de recevoir un message par radio. La vache est débusquée. Mes hommes la cernent à un mille d'ici. Si vous voulez bien, nous allons nous installer sur ce petit monticule qui domine à la fois le village et le plateau. »

De cet observatoire on voyait très bien à la jumelle la vache enfoncée jusqu'à mi-cuisse dans

les buissons. Sa queue rageuse battait ses flancs et, de temps en temps, elle levait la tête vers le ciel pour pousser un meuglement sauvage dont le vent apportait l'écho. Cela tenait du barrissement de l'éléphant et du rugissement du tigre.

« J'ai envoyé chercher des filets et une grande cage, dit Sikandar Khan. Je pense les avoir au début de l'après-midi. Aussitôt, mes hommes, qui sont dissimulés le long de cette petite crête, avanceront pour rabattre la bête. Professeur, vous aurez votre spécimen avant ce soir. »

Sur la place du village, on voyait les gens de Mahagunga faire la queue devant l'urne placée sur une petite table entre l'autel de Vichnou et le temple de Kali. Deux orateurs, perchés sur des escabeaux, haranguaient les villageois et le drapeau de l'Inde flottait sur la cabane du chef.

La matinée s'écoula ainsi. Vers une heure, l'état-major déjeuna d'une platée de riz arrosée de sauce au curry. La sauce était très piquante, mais Rouletabosse eut l'impression que la brûlure dans son gosier l'aidait à mieux supporter la chaleur accablante. Dans le village, les opérations de vote semblaient terminées et sur le plateau, la vache, allongée dans les buissons, paraissait dormir.

« La cage devrait être là dans une heure », dit Sikandar Khan.

Il avait à peine dit cela qu'on entendit un long roulement de tambour. Aussitôt une file d'hommes et de femmes commença à sortir du village. Elle serpenta lentement sur la pente du plateau, s'infléchissant peu à peu de manière à s'insérer entre la vache et la ligne des soldats.

« Colonel, dit Bandar Lal, je crains que les gens de Mahagunga n'aient eu la même idée que vous ! »

Sikandar Khan ne parut pas autrement affecté de voir d'autres prendre en main cette affaire difficile.

« Wait and see », dit-il, ce qui veut dire « attendons et on verra », en quoi il était fidèle aux plus grandes traditions militaires.

Il n'y eut pas longtemps à attendre. En moins d'une demi-heure, les gens de Mahagunga s'étaient installés en un demi-cercle continu à quelque deux cents mètres de la vache qui s'était relevée et leur faisait face. Au centre du dispositif on pouvait distinguer le long canon du fusil de Kala Chundra.

Ce fut lui qui donna le signal en tirant un coup de feu en l'air. Aussitôt éclata le plus effroyable vacarme de casseroles, de tambours, de trompes, d'ustensiles entrechoqués. Même à la distance où il se trouvait, Rouletabosse en était assourdi et il dut baisser la puissance de son magnétophone.

Au coup de feu, la vache tressauta, fit un écart et détala au petit trot vers la droite. La ligne des villageois avança pour lui couper le chemin. La vache essaya la gauche : même tactique. Elle s'immobilisa, grattant le sol du sabot, comme un taureau dans une arène, puis soudain elle fonça vers le centre de la ligne. Il y eut un commencement de débandade, mais Kala Chundra tint bon. La vache était à une dizaine de mètres de lui quand il lui tira un coup de feu sous les naseaux.

Cette fois, la bête prit peur. Elle fit volte-face et s'en fut au galop. La ligne se reforma et avança lentement. Peu à peu, la course folle de la vache s'infléchissait vers Mahagunga.

« Ma parole ! s'écria Sikandar Khan, ils la rabattent vers le village ! J'imagine qu'ils lui ont dressé quelque piège. »

Rouletabosse avait eu la même idée, et comme un bon journaliste doit être sur place avant l'événement, il se mit en boule, dévala la pente du monticule, se faufila entre les maisons et déboucha sur l'esplanade au pied du temple de Kali. Rebondissant comme une balle de caoutchouc, il alla se percher sur une corniche du temple. C'était une situation inconfortable et dangereuse, tout au bord de la falaise. Trente mètres plus bas roulaient les eaux grises du Gange. Mais au moins serait-il à l'abri des cornes et des dents de la vache, à moins, songea-t-il avec un peu d'angoisse, qu'à ses transformations elle n'ait ajouté la faculté de grimper comme un singe. Il sortit un de ses appareils chargés d'une pellicule ultra rapide et régla la vitesse de l'obturateur au millième de seconde.

Il était prêt pour le premier cliché quand la vache déboucha d'une ruelle au grand galop et vint s'arrêter au centre de la place. Ses flancs luisaient de sueur et sa langue rouge vif pendait entre ses canines blanches comme celle d'un fauve qui reprend haleine. Elle tournait çà et là son mufle horrible en poussant de sourds mugissements rauques qui répondaient au tintamarre proche des poursuivants. Rouletabosse prit une série de clichés en couleurs au téléobjectif. Le poil jaunâtre de la bête avait des reflets fauves et les taches noires qui le parsemaient ressemblaient à celles d'un léopard : sans nul doute une de ces transformations dont parlait Bandar Lal. Elle n'était pas maigre comme ses congénères, mais elle n'était pas grasse non plus. Des muscles puissants roulaient sous son pelage de chasseresse. Elle était éclatante de santé. Rouletabosse songea aux plumes luisantes de la poule Babouchka.

La vache l'aperçut au moment où les villageois à leur tour atteignaient la place et commençaient à se disposer en demi-cercle. Elle vint se planter devant le temple de Kali et, ouvrant toute grande sa gueule, démasqua sa denture puissante comme si elle avait voulu avaler le temple et Rouletabosse avec. Ce dernier continuait à la mitrailler avec son appareil photographique. Elle baissa la tête et donna un formidable coup de corne au petit édifice qui trembla sur sa base. Tout à côté de Rouletabosse, un morceau de corniche se détacha et tomba dans le Gange.

A la vue de ce sacrilège, une clameur s'éleva des rangs des villageois et le cercle commença à se fermer. Kala Chundra tirait en l'air coup après coup de sa pétoire.

Surprise, la vache abandonna le temple pour faire face aux assaillants. Elle fit mine de charger, puis, pas à pas, recula jusqu'au bord de la falaise.

Pendant un bref instant, elle resta là, immobile, se détachant sur le ciel lourd et moite, puis elle dressa la tête, poussa un long meuglement sinistre et bascula dans le vide. Nul n'aurait pu dire si elle avait trébuché ou si elle s'était volontairement précipitée. Agrippé à sa corniche, Rouletabosse, qui la suivait dans son viseur, réussit à la prendre en plein vol, jambes en l'air, avant qu'elle ne s'engloutisse dans les eaux du Gange.

Un grand silence tomba sur le village. Un à un, les habitants regagnèrent leurs maisons. Kala Chundra souffla dans le canon de son fusil et le prêtre de Kali vint changer les fleurs de l'autel. Il

ne parut pas faire attention à Rouletabosse quand celui-ci redescendit.

Dans la jeep qui les ramenait au campement militaire, Bandar Lal dit à Sikandar Khan :

« La solution des habitants de Mahagunga est une belle illustration du génie inventif de notre peuple, colonel. Ils sont débarrassés de la vache, ils ne l'ont pas touchée et même, au cas où elle aurait été une incarnation de Kali, on peut considérer que le fait de la noyer dans les eaux sacrées du Gange est une sorte d'hommage. J'aurais pourtant bien aimé l'avoir vivante ! Mais si vous pouviez envoyer quelques-uns de vos hommes jusqu'au bras mort qui est en aval, ils auraient une chance de retrouver le cadavre et je pourrais au moins le disséquer. »

Sikandar Khan parut choqué. Bandar Lal n'insista pas.

« J'espère au moins, dit-il à Rouletabosse, que vous me réserverez quelques épreuves de vos photographies.

— Avec plaisir, dit Rouletabosse, mais en échange, je vous demanderai, Professeur, de ne pas donner d'interview avant après-demain. Il est juste que mon journal ait l'exclusivité. »

Quand ils parvinrent au campement, Amar Singh et Dina Chatterji venaient de rentrer de Delhi. Chatterji tendit un télégramme à Rouletabosse.

« De la part de votre patron. »

Le texte du télégramme était bref :

DÉPART IMMÉDIAT COSY CORNER NEVADA USA STOP ENQUÊTEZ AFFAIRE BRIGHTBOY STOP COPIE LUNDI SOIR STOP BOSS.

« Quel jour sommes-nous ? demanda Rouletabosse.

— Vendredi, répondit Chatterji. Si vous partez tout de suite, vous pouvez être là-bas dimanche soir. J'ai vos billets. »

Il tira de sa poche une grosse liasse qu'il laissa se déplier en accordéon jusqu'au sol.

« Vous attrapez le vol Air France 184 cette nuit à Delhi. Il vous met à Bangkok à 8 h 25 demain matin. Vous avez une correspondance qui vous amène à Singapour un peu après midi. Votre visa américain vous attend au consulat de Singapour.

Le soir, vous prenez le vol UTA 562 à 21 h 35. Il fait escale à Jakarta, puis à Sydney où il arrive le lendemain à 10 h 40. Ensuite, il fait escale à Nouméa, aux îles Fidji, à Papeete et arrive le jour suivant à Los Angeles à 14 h 05.

— Mais cela fait le lundi ! s'écria Rouletabosse qui avait compté sur ses doigts. Ce sera trop tard !

— Sur le billet, dit Chatterji, il y a écrit que vous arrivez le dimanche. »

Bandar Lal intervint.

« Mon cher Rool Taboose, vous semblez ignorer l'existence de la ligne de changement de date. Quand vous dépasserez le 180e degré de longitude, quelque part au-dessus du Pacifique, la date reculera d'un jour et vous vous retrouverez la veille.

— Ah ? dit Rouletabosse, ahuri.

— C'est nécessaire, sans quoi, à force de faire le tour du monde, vous remonteriez d'un jour dans le temps à chaque tour et vous finiriez par retomber en enfance. »

Renonçant à comprendre, Rouletabosse se retourna vers Chatterji.

« Ensuite ?

— Vous avez un vol local de Los Angeles à Reno, dans le Nevada. De là, vous n'aurez qu'à louer une voiture. J'ai regardé une carte : Cosy Corner n'est qu'à cent kilomètres de Reno.

— Et l'affaire Brightboy ?

— Nous avons reçu une dépêche cet après-midi. Elle parle d'un scandale dans lequel serait impliqué un certain sénateur Brightboy qui est industriel dans le Nevada. C'est tout ce que je sais. »

Rouletabosse écrivit son article dans la Cadillac de Bandar Lal qui le ramenait vers Delhi. Il l'intitula LE SACRIFICE DE KALI et le confia à Chatterji avec les pellicules.

Plus tard, dans l'avion, l'hôtesse lui apporta quelques journaux et magazines parmi lesquels il eut la surprise de trouver le numéro de son journal où était paru son reportage sur Mokraïa Kouritsa. Le *boss* avait changé le titre : il s'intitulait maintenant LES COCOTTES DE PAPIER et était précédé d'un « chapeau » humoristique où il était rappelé que les bureaucrates du monde entier passent le plus clair de leur temps à faire des cocottes de papier et où il était suggéré qu'on les leur fasse manger. Rouletabosse fut triste de n'avoir pas trouvé cette idée lui-même. L'article était coupé de moitié, la chronique avait disparu et la note sur l'ingénieur Goloubkine (qu'on appelait d'ailleurs Dourakine) était réduite à un quart de colonne. Mais Rouletabosse fut consolé de tout cela quand il vit, au-dessous du titre, une petite ligne en italique : *De notre envoyé spécial Rouletabosse.*

Il soupira d'aise, et, se roulant en boule dans son fauteuil, s'endormit paisiblement au sein de l'immense nuit qui couvrait l'Inde.

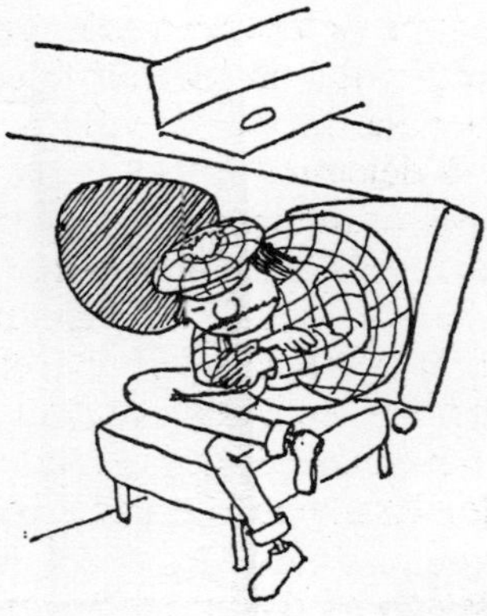

L'affaire Brightboy

Rouletabosse arriva à Singapour juste à temps pour retirer son visa américain avant la fermeture du consulat des États-Unis. Puis il se promena dans la vieille ville à la recherche d'un endroit où déjeuner. Cela ne manquait pas. Il y avait des restaurants malais où l'on servait de fines brochettes de bœuf arrosées d'une sauce piquante à la noix de coco, des restaurants indiens où l'on servait des plats au curry, et surtout des restaurants chinois en plein air où l'on servait toutes sortes de choses étranges et appétissantes entre lesquelles Rouletabosse avait bien du mal à se décider.

Il ne se lassait pas d'admirer le spectacle de la rue et de lire les caractères chinois des enseignes. Il

les comprenait presque tous, car il avait suivi assidûment les cours de chinois à l'Institut universitaire de technologie. Malheureusement, il ne comprenait pas toujours ce que disaient les gens, car il avait appris le chinois de Pékin et beaucoup parlaient le chinois de Canton. Le chinois ne s'écrit que d'une manière, mais il y a mille et une façons de le parler.

Cependant, quand il fut assis à une des tables qui encombraient la rue, c'est avec un accent impeccable qu'il commanda les crevettes géantes impériales. Elles étaient vraiment géantes et dépassaient les bords de l'assiette. En essayant de les décortiquer avec ses baguettes, Rouletabosse en fit sauter une sur sa veste où elle laissa une grande tache de sauce rouge. C'est alors qu'un gros petit bonhomme tout rond, à la face de lune, qui l'observait du seuil d'une boutique de tailleur à l'enseigne de la Grande Paire de Ciseaux d'Or,

lui adressa la parole avec un sourire et une courbette.

« L'aimable touriste étranger parle pékinois comme un lettré, dit-il. Fera-t-il au modeste Yuan Fei Tsing l'honneur de lui permettre de tailler pour lui une veste qui rehaussera la naturelle élégance de son harmonieuse rondeur et remplacera avantageusement celle qu'il vient de tacher ? Cela ne lui coûtera que trente dollars américains ou l'équivalent dans n'importe quelle autre monnaie, et la veste sera prête avant qu'il ait fini de déguster ses crevettes géantes impériales que je lui conseille de décortiquer avec les doigts s'il veut éviter de tacher de nouveau la veste qu'il porte en ce moment et qu'il voudra bien me prêter un instant afin que j'en prenne les mesures et que lui-même, allégé de ce fardeau, puisse jouir de son repas dans une agréable fraîcheur. »

La veste qu'apporta Yuan Fei Tsing à la fin du repas était en tous points semblable à celle que Rouletabosse portait depuis le départ et, de plus, elle était exactement assortie à sa casquette écossaise.

« Puis-je, dit Yuan Fei Tsing, demander le nom éminent de mon client honoré afin d'en garder éventuellement le souvenir et de l'inscrire sur la facture ?

— Je m'appelle Rouletabosse.

— Lou Ta Pao ? Mon client honoré est donc un grand journaliste ? »

Rouletabosse fut amusé et flatté par la coïncidence : son nom, prononcé par une bouche chinoise, voulait dire « Lou, le Grand Journal ». De fil en aiguille, il raconta son voyage à Yuan Fei Tsing et lui expliqua qu'il se rendait dans une ville des États-Unis qui s'appelait Cosy Corner.

« Kuo Zi Kuo Na ? s'écria le tailleur. C'est justement dans cette ville qu'habite Chang Li Haï, le beau-frère de mon troisième oncle maternel ! Il y tient une laverie automatique. C'est un homme sagace et de grandes ressources. Que l'éminent Lou Ta Pao note son adresse : Chang pourra certainement l'aider dans ses entreprises ! »

Comme son avion décollait en direction de Jakarta, Rouletabosse se disait que le monde est

紅东大飯店
金子大剪子
天菜

vraiment petit pour un journaliste qui a du flair.

Il le trouva moins petit au cours des trente-deux heures qui suivirent. Il avait peu dormi depuis Delhi, pas du tout la nuit précédente et presque pas la nuit précédente encore. En fait, il n'avait pratiquement pas dormi depuis qu'il cuvait sa vodka Baboutchkaïa dans la maison de Pavel, à Mokraïa Kouritsa. Maintenant, c'était encore pire : les jours et les nuits se détraquaient. Quand l'avion partit de Jakarta, vers minuit, Rouletabosse se pelotonna en boule dans son fauteuil. Il fut réveillé par le grand soleil qui entrait par le hublot. On servait le petit déjeuner. Au-dessous, dans une brume de chaleur, s'étendait l'immense désert jaunâtre de l'Australie centrale. Rouletabosse, qui avait l'impression de n'avoir dormi que quelques minutes, trempa des lèvres écœurées dans une tasse de café. Son estomac était à l'heure de Singapour et sa tête ensommeillée était à l'heure de Delhi. A Sydney, il tombait une petite pluie froide d'hiver austral. Rouletabosse refusa le déjeuner qu'on servit après le décollage. Il le regretta quelques heures plus tard et, quand on servit le thé au départ de Nouméa, il se bourra de cake, ce qui lui coupa l'appétit pour le dîner qu'on servit au départ de Nandi, dans les îles Fidji. Déjà les gens s'apprêtaient à dormir mais maintenant Rouletabosse n'avait plus du tout sommeil.

Il se mit à faire quelques calculs sur son carnet pour tromper le temps. L'avion avait quitté Singapour le samedi soir à 21 h 35 et Nandi, par conséquent, le dimanche soir à 20 heures. L'hôtesse avait annoncé que le vol durerait quatre heures et demie et il y avait deux heures de décalage entre les îles Fidji et Tahiti, ce qui faisait que l'avion atterrirait à Papeete à 2 h 30 *le lundi matin.* Mais d'autre part il serait alors 0 h 30 à Nandi, 19 h 30 le dimanche soir à Singapour, 14 h 30 le dimanche après-midi à Paris, 8 h 30 le dimanche matin à Los Angeles... et à Papeete 2 h 30 *le dimanche matin !* Il sonna l'hôtesse.

« Pardon, mademoiselle, quel jour sommes-nous exactement ?

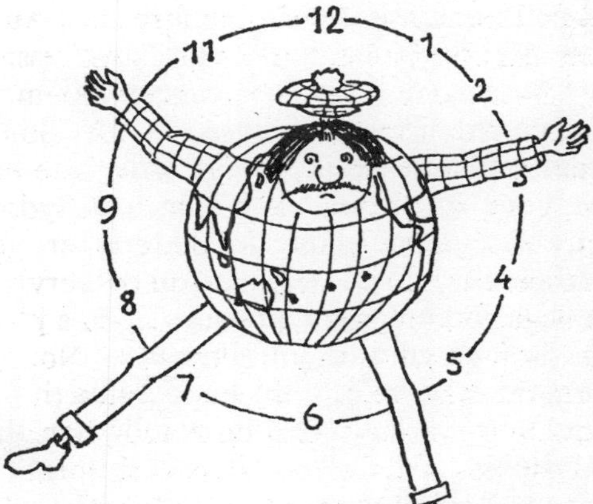

— Cela dépend, monsieur. A l'avant de l'avion, c'est samedi, et à l'arrière, c'est dimanche. »

Rouletabosse sombra dans un sommeil peuplé de cauchemars. Il fut éveillé par le haut-parleur annonçant qu'on allait se poser à Papeete.

Titubant, roulant, cahotant, il suivit le flot des voyageurs en transit et se retrouva au bar de l'aéroport, trop fatigué pour se demander ce qu'il commanderait. Comme il venait de s'éveiller, sa tête imaginait avidement des tasses de café noir avec des croissants chauds, alors que son estomac, qui en était encore à l'heure du dîner, avait des envies de bifteck-frites. Il allait se décider pour un jus d'ananas frais quand un grand diable en chemisette à fleurs vertes, roses et jaunes, s'approcha de lui, un verre à la main.

« *Hello, boy !* Vous avez l'air d'un spoutnik malade ! Prenez ce Mauna Loa Spécial. Il vous remettra en orbite ! »

Machinalement, Rouletabosse prit le verre et but. C'est seulement quand le liquide atteignit son gosier qu'il se rappela que le Mauna Loa est un volcan d'Hawaï. Le cocktail arriva dans son estomac avec la force d'une coulée de lave. Son corps rond fut secoué comme un globe terrestre par un tremblement de terre et il lui sembla que sa tête en faisait le tour comme une lune folle gravitant à grande vitesse. Un instant, il crut qu'un cratère allait s'ouvrir à hauteur de son nombril, et puis soudain tout s'apaisa. Il se sentait dispos et lucide.

Le garçon à la chemise à fleurs avait une moustache tombante qui le faisait ressembler à Bob Morasse en plus jeune. Il cligna de l'œil.

« *O.K., boy ?* Ça va mieux ? Mon nom est Frederick Scoop. Appelez-moi Fred.

— Je m'appelle Rouletabosse. »

L'autre saisit sa main et la pompa vigoureusement.

« Heureux de vous rencontrer. Je vous appellerai Tubby. *How d'you do, Tubby ?* »

Il lorgna le harnachement d'appareils photographiques et de magnétophones que Rouletabosse emportait toujours avec lui, par prudence, quand il quittait l'avion aux escales.

« J'imagine que vous êtes journaliste, Tubby ?

— En effet, Fred.

— Eh bien, moi aussi ! Je suis le correspondant

à Los Angeles du *Washington Daily Squeak* et je viens de me payer quinze jours de vacances à Tahiti. Demain, je reprends le boulot.

— Demain, c'est lundi ?

— Bien sûr ! D'où sortez-vous donc, Tubby ?

— De l'autre côté de la ligne de changement de date », répondit Rouletabosse qui comprenait enfin les explications de Bandar Lal.

Quand ils furent installés côte à côte dans l'avion de Los Angeles, Scoop demanda :

« Et vous, Tubby, que faites-vous par ici ?

— Je vais faire un reportage au Nevada... sur l'affaire Brightboy. Vous connaissez ? »

Scoop haussa les sourcils et regarda Rouletabosse.

« Et vous, vous connaissez ?

— Non. J'espère trouver des détails sur place, à Cosy Corner.

— Je vois... Écoutez, Tubby, je vais vous donner un conseil d'ami. Nous serons à Los Angeles à deux heures de l'après-midi. Il y a un Boeing 747 de la TWA qui part directement pour Paris à quatre heures. Je vous conseille de le prendre.

— Pourquoi ?

— Parce que s'occuper de cette affaire, c'est attraper un fer rouge avec les mains. J'en sais quelque chose : c'est le *Washington Daily Squeak* qui a dévoilé le scandale.

— Mais en quoi consiste le scandale ?

— Suivez-moi bien, Tubby. Le sénateur Balaam B. Brightboy junior, B.B.B. pour les intimes, est un

riche industriel du Nevada qui a fait une belle carrière politique. Il y a trois ans, il a été battu aux élections par un autre milliardaire, Snoopy Leibowitz, et s'est relancé dans l'industrie. Il a investi toute sa fortune dans une fabrique d'idées installée à Cosy Corner.

— Une fabrique de quoi ?

— D'idées. C'est la Brightboy Brain Bank et leur devise est *Laissez-nous penser pour vous !* Quand vous manquez d'idées sur n'importe quel sujet, vous vous adressez à eux et ils vous en fournissent la quantité que vous désirez. C'est une usine ultramoderne, entièrement automatisée et munie des ordinateurs les plus perfectionnés. Les produits sont de première qualité et il y en a pour toutes les bourses. On en trouve dans tous les supermarchés. Aux États-Unis, il y a des millions de personnes qui ne pensent qu'avec les idées de la Brightboy.

— J'ai l'impression, dit Rouletabosse, que je préfère fabriquer mes idées moi-même.

— Vous ne ferez jamais fortune, Tubby. Les idées de la Brightboy sont toujours payantes et garanties sur facture. Au *Washington Daily Squeak*, quand le rédacteur en chef est en panne d'idées, pendant la saison d'été, par exemple, il téléphone à la Brightboy.

— Et ça marche ?

— Ça marche ! Je vais même vous faire une confidence : c'est la Brightboy qui a vendu pour cent mille dollars au *Washington Daily Squeak* l'idée qui a tout déclenché.

— Quelle était cette idée ?

— D'aller interviewer Snoopy Leibowitz sur ses affaires. C'est moi qui m'en suis chargé. J'ai eu du mal, car Leibowitz est un vieux dur à cuire, mais je l'ai si bien cuisiné qu'il a fini par m'avouer que, bien qu'adversaires politiques, B.B.B. et lui étaient associés pour l'exploitation de la fabrique d'idées. Il n'a pas voulu me dire comment, mais à force de fouiner un peu partout, j'ai découvert qui était le principal client de la Brightboy.

— Qui était-ce ?

— Bouclez votre ceinture, Tubby. C'était le Président des États-Unis en personne ! Par l'intermédiaire de Leibowitz, la Brightboy fournissait secrètement des idées au Président quand il ne savait pas quelle politique suivre. J'ai publié une série d'articles dans le *Washington Daily Squeak* et nous avons triplé nos ventes. Vous imaginez l'émotion et les commentaires. Les uns disaient que ce n'était pas la peine d'élire un président pour avoir des idées si une usine était capable d'en fabriquer de meilleures, les autres disaient que ce qui était bon pour la Brightboy était bon pour le gouvernement.

— Et que disait le Président ?

— Rien, justement. Quand on posait des questions à la Maison Blanche où réside le Président, la réponse était chaque fois « Pas de commentaires ». Le Sénat chargea une commission d'enquêter sur l'affaire. Le premier soin de la commission fut de demander à prendre connaissance des idées du Président depuis que ce dernier avait recours aux services de la Brightboy, mais le Président répondit qu'il les jetait après usage.

— Qu'il les jetait ?

— Oui, aux Etats-Unis, quand une chose est usée, on la jette. Cela fait marcher les affaires. Mais l'enquête révéla que les idées usées de la Maison Blanche étaient récupérées par une petite compagnie discrète, la Software Salvage Society, dont Brightboy et Leibowitz étaient également les principaux actionnaires. Cette compagnie les revendait en solde aux gouvernements d'un certain nombre de pays étrangers. Cela donna immédiatement une importance internationale au scandale. Du coup, la police fédérale, le F.B.I., les services de contre-espionnage, la C.I.A. se sont abattus sur la malheureuse Brightboy Brain Bank comme des vautours sur une carcasse. Et c'est alors qu'on découvrit que la Brightboy employait des étrangers parmi ses *brainstormers*...

— Les *brainstormers* ? Qu'est-ce que c'est ?

— Ce sont les gens qui produisent les idées de base à partir desquelles les machines fabriquent des centaines de milliers d'autres idées. En général, ce sont des savants, des professeurs, des artistes, des ingénieurs, des écrivains de science-fiction. C'est une main-d'œuvre bon marché, mais avec tous les réfugiés politiques qui affluent aux États-Unis, on peut se procurer un académicien ou même un Prix Nobel étranger pour un salaire de balayeur. C'est ce qu'avait fait la Brightboy. Il y avait donc des étrangers de toutes origines parmi les gens qui produisaient la matière première des idées dont se servait le Président des États-Unis pour conduire la politique du pays, et parmi eux, peut-être, des espions, des saboteurs ou même des communistes ! Il y avait de quoi jeter le discrédit sur la politique des États-Unis et couler définitivement le Président !

— Je ne vois pas pourquoi. Après tout, ce n'est pas sa faute. Les responsables sont Brightboy et Leibowitz.

— Non, Tubby, ils n'ont fait que leur métier d'hommes d'affaires et personne ne peut le leur reprocher, tandis que le Président, lui, incarne toutes les vertus de l'Amérique. Son inspiration doit être cent pour cent américaine et au-dessus de tous soupçons.

— On a fermé la Brightboy Brain Bank ?
— Impossible, Tubby. Ce serait priver des millions d'Américains des idées dont ils ont besoin. La Brightboy a simplement été déclarée zone militaire. L'usine est complètement bouclée par des cordons de surveillance et, derrière chaque employé, il y a un agent des services de sécurité qui le surveille. Vous êtes étranger, Tubby : si on vous repère dans le secteur, vous risquez d'être retenu pendant des semaines pour interrogatoire. Vous voulez toujours aller à Cosy Corner ?

— Bien sûr. Que feriez-vous à ma place ?
— J'irais. Mais méfiez-vous, cela grouille

d'agents des services secrets et, ce qui est pire, de journalistes.

— Il faut que je téléphone ma copie demain en début d'après-midi, à cause du décalage horaire.

— Écoutez, Tubby, demain après-midi, je ferai un saut jusqu'à Corsy Corner pour voir où vous en êtes, O.K. ?

— O.K., Fred, merci. »

L'avion se posa à Los Angeles à 14 h 05. A 16 h 30, Rouletabosse louait une voiture à l'aéroport de Reno. Après mûre réflexion, il laissa ses appareils de photo et ses magnétophones à la consigne automatique : si les choses étaient telles que les décrivait Fred Scoop, il valait mieux qu'on ne pût l'identifier comme journaliste.

Bien lui en prit car, entre Reno et Cosy Corner, il fut arrêté par deux barrages de l'armée, un de la police du comté, un de la police fédérale et trois d'organisations indéterminées. Comme son passeport ne mentionnait pas encore sa profession de journaliste, on fit confiance à sa bonne figure ronde et on le laissa passer.

Cosy Corner, c'était essentiellement une rue de quatre cents mètres de long au bout de laquelle se dressait le gratte-ciel de la Brightboy Brain Bank, brillamment éclairé par des projecteurs. De chaque côté de la rue étaient alignés des motels, des bars, des banques, des entreprises de pompes funèbres, des supermarchés, des postes d'essence, une église baptiste et une laverie automatique dans laquelle Rouletabosse identifia immédiatement l'entreprise de Chang Li Haï. Il alla au parking municipal et y laissa sa voiture.

La nuit était tombée, mais il faisait encore chaud. Rouletabosse mit sa veste écossaise sur son bras et se dirigea vers l'immeuble de la Brightboy. Il n'alla pas bien loin. A peine avait-il dépassé l'église baptiste qu'une voix sortit d'un coin d'ombre :

« *Hey, bud,* pas par là. C'est de l'autre côté que tu vas. »

Levant la tête, il distingua très loin au-dessus de lui les épaules d'un veston incroyablement large et, entre les épaules, une mâchoire de gorille qui ruminait du chewing-gum.

« Excusez-moi, monsieur, dit-il, on ne peut pas passer ?

— J'ai dit pas par là », laissa tomber la mâchoire.

Rouletabosse n'insista pas. Feignant de rebrousser chemin, il fit le tour de l'église et essaya de se glisser par-derrière, mais il avait à peine fait trois pas qu'il aperçut devant lui une autre paire d'épaules et une autre mâchoire ruminante. Il fit encore deux ou trois tentatives, puis s'avoua vaincu. La Brightboy était bien gardée.

Il revint dans la grand-rue et entra dans un bar. La salle était pleine et, contre le mur du fond, une dizaine d'hommes en rang actionnaient mécaniquement les leviers de machines à sous qui cliquetaient et tintaient comme des ferrailles folles. Rouletabosse se dit qu'il devait y avoir beaucoup d'espions et d'agents secrets dans cette salle, mais il ne savait pas à quoi les reconnaître. En revanche, il identifia plusieurs journalistes à leur air de tout savoir sans en avoir l'air et s'assit près d'une table où trois d'entre eux étaient en train de discuter.

Non sans mal, car les accents américains sont aussi divers que les innombrables variétés de chinois parlé, il réussit à comprendre que le gratte-ciel de la Brightboy Brain Bank était complètement isolé du monde et que les autorités envisageaient de faire entièrement évacuer la ville dès le lendemain.

La situation était grave. Il ne restait qu'un espoir : Chang Li Haï. Roulé en boule, Rouletabosse se faufila vivement entre les tables du bar et jaillit dans la rue entre les jambes d'un journaliste qui entrait. Comme un éclair, il franchit les deux cents mètres qui le séparaient du magasin de Chang Li Haï et frappa à la porte. A cette heure tardive le magasin était fermé et obscur. Rouletabosse commençait à penser qu'on ne lui répondrait pas, quand une voix dit doucement au-dessus de sa tête :

« Est-ce l'inestimable Lou Ta Pao qui me fait l'honneur de frapper à la porte de ma modeste boutique ? »

La voix venait d'une fenêtre du premier étage. Levant la tête, Rouletabosse répondit en chinois :

« C'est en effet l'humble Lou Ta Pao qui implore l'aide de l'éminent Chang Li Haï.

— *Wait a minute, boy,* dit Chang en anglais. Je descends vous ouvrir. »

Chang Li Haï était aussi long, maigre et sévère que son cousin Yuan Fei Tsing était rond et réjoui.

« J'ai reçu un télégramme de Yuan Fei Tsing m'annonçant votre arrivée, dit-il. Vous êtes journaliste, n'est-ce pas ?

— Oui, et je suis venu...

— Pour enquêter sur la Brightboy, je m'en doute. Eh bien, je vais vous aider, ami Lou, d'abord parce que vous m'êtes recommandé par mon cousin Yuan, ensuite parce que moi aussi, je désire savoir ce qui se passe à la Brightboy. Tout ce mystère rend la police curieuse et la population inquiète. Or dans ce cas, ceux qu'on soupçonne les premiers sont toujours ceux qui n'ont pas la même couleur de peau que les autres. Il y a dans cette ville beaucoup de Noirs, de Chinois et d'Indiens qui souhaitent de tout leur cœur que la lumière soit faite le plus vite possible.

— Comment pourrez-vous m'aider ?

— Depuis que j'ai reçu le télégramme de Yuan, j'ai élaboré un plan qui me semble praticable. Mais, continua-t-il en chinois, si l'intrépide Lou Ta Pao veut bien partager mon modeste repas et accepter une couche dans mon humble maison, je me ferai un plaisir de lui exposer le fruit de mes longues méditations.

— C'est qu'il n'y a pas de temps à perdre. La ville va être évacuée demain.

— Les gros gorilles sortent la nuit, ami Lou, mais les petits singes malins se lèvent tôt le matin. »

Le modeste repas de Chang était excellent : rouleaux de printemps, nouilles aux champignons noirs, canard laqué de Pékin, soupe d'ailerons de requin, gâteaux au gingembre. Mis en gaieté par le vin de riz, Rouletabosse plaisanta longuement avec la charmante femme de Chang et s'amusa avec ses quatre enfants, leur faisant en particulier une démonstration de *self-bowling* qui bouscula quelque peu les meubles du petit salon.

Plus tard dans la soirée, Chang versa une tasse de liqueur de sésame à Rouletabosse et lui dit :

« Tous les matins, je vais livrer le linge propre à l'immeuble de la Brain Bank et je remporte le linge sale. Les gardes me connaissent. Il me semble que l'aimable rondeur de mon ami Lou se dissimulerait aisément dans un paquet de linge. Une fois dans l'immeuble, il pourra laisser toute dissimulation car la surveillance n'est pas sévère. Il disposera d'une heure et demie pour exercer son incomparable perspicacité. O.K. ?

— O.K. »

Chang leva sa tasse.

« Kampei !

— *Kampei !* A votre santé ! » répondit Rouletabosse en vidant la sienne.

Il dormit merveilleusement bien dans le lit que

lui avait préparé Mme Chang et il faisait grand soleil quand il se réveilla. Chang Li Haï l'installa dans sa camionnette, enveloppé dans un drap et coincé entre deux ballots de linge.

Les barrages furent franchis sans encombre et au bout de quelques minutes, la camionnette s'arrêta dans un garage désert du sous-sol. Chang fit descendre Rouletabosse et lui épingla un rond de plastique sur le revers de la veste.

« C'est un insigne publicitaire que j'ai fait faire pour ma laverie. Si vous êtes prudent, les policiers penseront que c'est l'insigne des équipes de sécurité de la Brightboy. Il lui ressemble un peu. Soyez ici dans une heure et demie. »

Il y avait un ascenseur au fond du garage. Estimant qu'il faut toujours commencer par voir les choses de haut, Rouletabosse appuya sur le bouton du quarantième étage. Quand il sortit, il se trouva en face d'une grande porte sur laquelle il y avait écrit : *Brainstorming Department.* Il poussa la porte et entra dans une immense salle qui occupait tout l'étage. La lumière entrait à flots par des baies à travers lesquelles on pouvait voir des montagnes neigeuses. La salle était encombrée de fauteuils, de canapés, de chaises longues, de tables rondes, carrées, ovales. Elle comportait un bar, une bibliothèque, une discothèque, des téléviseurs, des appareils à sous, des flippers, un juke-box et même un barbecue. Il devait y avoir là une centaine d'hommes et de femmes. Certains dormaient, buvaient, fumaient, lisaient, d'autres discutaient,

assis par terre ou autour des tables, jouaient aux cartes ou aux échecs. De temps en temps, un d'entre eux se levait et allait glisser un petit rectangle de carton dans une des fentes pratiquées de loin en loin sur les murs.

Personne ne fit attention à Rouletabosse. Comprenant qu'il avait affaire à un atelier de *brainstormers,* il s'approcha d'une des fentes vers laquelle se dirigeait un vieil homme chauve qui ressemblait à son ancien professeur de mathématiques. Au moment où l'homme allait glisser son carton dans la fente, il lui demanda :

« C'est une idée que vous mettez là-dedans ? »

L'autre lui montra le carton.

« Ouais !... Rien de très brillant : un truc pour empêcher le gazon de pousser, de façon à n'avoir pas à le tondre. Les analyseurs en tireront toujours quelque chose...

— Les analyseurs ?

— Ouais ! les gars du trentième étage, ceux qui décortiquent nos idées... »

Déjà, Rouletabosse était dans l'ascenseur. Au trentième étage, rangées après rangées, des opérateurs étaient penchés sur des claviers. Un petit bonhomme affable vint au-devant de lui.

« Je suis le chef du département d'Analyse, dit-il. Appelez-moi Tom.

— Appelez-moi Tubby. Dites-moi, Tom, je suis nouveau au service de sécurité. Que faites-vous dans ce département ?

— Nous analysons les idées qui nous viennent d'en haut. »

Il montra le carton qu'il tenait à la main.

« C'est simple. Voyez : ceci est une idée que nous venons de recevoir : une méthode pour empêcher le gazon de pousser. On donne d'abord un numéro d'ordre à l'idée... »

Il se mit à pianoter sur un clavier vacant.

« On établit une carte perforée « gazon », une carte « pousser-négatif », et puis des cartes indiquant ce qu'il faut faire au gazon, comment, quand, et cetera... et sur chaque carte on met le numéro de l'idée. »

Il glissa les cartes une à une dans une fente ménagée à côté du clavier.

BELT IDEAS CONVEYOR STANDCLE
BITS
EMERGENCY STOP
35490
IDEAS CHUTE

« C'est fini pour nous. Maintenant, c'est l'affaire du département des Combinaisons aléatoires, au vingtième étage. »

Moins de cinq minutes plus tard, Rouletabosse se trouvait dans la salle à air conditionné du département des Combinaisons aléatoires. Des dizaines d'ordinateurs y bourdonnaient doucement. Les explications qu'on lui donna étaient plus difficiles à suivre. Il comprit cependant que les ordinateurs recherchaient automatiquement toutes les cartes où était codé le même mot et qu'ils combinaient au hasard les idées dont elles portaient le numéro d'ordre.

« Cela donne des millions de combinaisons, lui dit le technicien. Elles sont inscrites sur ces bandes

magnétiques qui sortent des ordinateurs et s'en vont au département de Sélection où d'autres ordinateurs éliminent les combinaisons impossibles et trient les autres, selon leur qualité, en catégories, de la catégorie G pour « génial » à la catégorie S pour « stupide ». Pendant ce temps, une autre chaîne reçoit les demandes des clients, les analyse, les met sur cartes perforées, les passe sur ordinateur, et tout converge vers le département de Synthèse où les idées sont automatiquement adaptées aux demandes.

— Où est le département de Synthèse ? demanda Rouletabosse.

— Au huitième sous-sol, mais c'est une zone interdite, même pour les équipes de sécurité. Seul le professeur Limpenbein y travaille sur son ordinateur géant.

— Qui est le professeur Limpenbein ?

— Vous n'êtes au courant de rien, vous ! C'est le professeur Limpenbein, le vieux Limpy, comme on l'appelle, qui a inventé toute la mécanique de cette baraque ! D'où sortez-vous donc ? »

Comme le technicien commençait à le regarder d'un air soupçonneux, Rouletabosse prit congé et se dirigea vers l'ascenseur. Le bouton du huitième sous-sol était rouge et marqué d'une étiquette *Privé*.

Il se retrouva dans un vaste couloir dont toutes les portes étaient fermées. Sur chacune d'elles, une inscription en grosses lettres rouges disait SECRET, INTERDIT ou DÉFENSE D'ENTRER. Le fond du couloir était barré par une porte blindée munie d'une énorme serrure de sécurité et sur laquelle il y avait écrit en rouge : INTERDIT À TOUT LE MONDE, Y COMPRIS VOUS ! AU LARGE !

Il était à mi-couloir quand la porte s'ouvrit vivement, tandis qu'une voix glapissait avec un fort accent germanique :

« Vous n'avez rien à faire ici ! Lisez la pancarte ! Si vous ne déguerpissez pas immédiatement, je fais sauter tout l'immeuble ! *Hinaus, schnell !* »

Trois hommes aux épaules trop larges sortirent, ruminant leur chewing-gum au même rythme triste et lent. Peu soucieux de les affronter avec son insigne de la Laverie Chang, Rouletabosse chercha un refuge. Une seule porte n'avait pas d'inscription. Il la poussa. C'étaient les toilettes. Il entra dans une cabine et s'enferma au verrou, se demandant avec inquiétude comment il sortirait de ce mauvais pas.

C'est alors qu'il vit la gaine d'aération. Il avait déjà remarqué ces gaines qui semblaient courir de haut en bas de l'édifice. La grille qui laissait passer l'air était à sa portée. Il la démonta avec son canif. Le trou n'était pas très grand, mais il se roula en boule, se serra, se tassa, se comprima jusqu'à n'être pas plus gros qu'une pelote de laine, puis se glissa dans le conduit. Sa progression était d'autant plus malaisée qu'un air glacial soufflait dans les gaines. Plusieurs fois, il rencontra des bifurcations. Il essayait de se maintenir dans la direction approximative de la porte blindée, mais, après plusieurs tours et détours, il désespérait de s'orienter quand il entendit un bruit bizarre qui ressemblait à des gémissements de petit chien. Il se laissa guider par ce bruit. Le conduit devenant de plus en plus étroit, il en était réduit à la taille d'une balle de tennis quand il parvint à une grille d'aération. Il glissa un œil entre les lames.

Il découvrit une salle de grandes dimensions dont tout un mur était occupé par un pupitre de commande, surmonté de rangées de voyants multicolores pour le moment tous éteints. Dans le reste de la pièce régnait un désordre incroyable : un énorme tas de papiers, rubans, fiches et cartes perforées voisinait avec un énorme tas de bouteilles et de boîtes de conserves vides. Dans un coin, un vieillard aux longs cheveux blancs, revêtu d'une blouse blanche, était assis devant une table couverte de livres. La tête enfouie dans les bras, il gémissait et pleurait à gros sanglots.

Rouletabosse démonta la grille et sauta dans la salle, rebondissant comme une balle de caoutchouc. Au bruit, le vieillard leva la tête en reniflant.

« Qui êtes-vous ?

— Je suis un ami, répondit Rouletabosse en allemand.

— *Ach !* Je n'ai plus d'amis !

— Vous êtes le professeur Limpenbein ?

— J'étais le professeur Limpenbein, docteur de l'université de Zurich et professeur *emeritus* à l'Institut de Technologie du Massachusetts. Maintenant, je ne suis plus qu'un misérable, abandonné de tout le monde ! *Ach !* j'aurais mieux fait de rester en Suisse !

— Vous êtes suisse ?

— Je suis citoyen américain depuis quarante-cinq ans, mais je suis né en Suisse, oui. Et vous ?

— Je suis français.

— *Also,* français ? Alors parlons français ! J'aimais bien la France. Mon père m'y emmenait souvent quand j'étais enfant. Il était pasteur luthérien à Rheinfelden. Je me présente : Hans Theodor Limpenbein. Appelez-moi Limpy. Heureux de vous rencontrer.

— Rouletabosse, journaliste. Appelez-moi Tubby. Comment allez-vous ? »

Ils échangèrent solennellement une courbette.

« Limpy, dit Rouletabosse, j'aimerais savoir ce qui vous désespère. »

Limpenbein montra le grand tableau de contrôle aux voyants éteints.

« C'est cette machine, Tubby (il prononçait Toupie), elle ne marche pas, elle n'a jamais marché, elle ne marchera jamais !

— A quoi sert-elle ?

— A synthétiser les idées. Les demandes des clients arrivent ici... *so !...* »

Il enfonça un bouton sur le pupitre et plusieurs rangées de voyants s'allumèrent.

« La matière première arrive là... *so !...* »

Il appuya sur un autre bouton et des flots de

rubans perforés jaillirent du tableau qui se mit à clignoter furieusement.

« Ce sont les millions d'idées qui ont été analysées, codées, combinées, triées dans les quarante étages. »

Tout en parlant, il introduisait les rubans dans des fentes qui se mirent à les avaler à grande vitesse.

« Normalement, quand j'appuierai sur ce bouton rouge, les idées adaptées aux demandes devraient sortir ici, imprimées sur de grandes feuilles de papier... *so !...* pfuit !... »

Il y eut un éclair et la machine s'arrêta.

« C'est chaque fois comme ça, dit Limpenbein. Et le plus vexant est que la machine ne refuse que le matériel qui a été préparé pour elle dans les ateliers. A part ça, elle accepte tout ! Tenez, dites quelque chose, n'importe quoi.

— Euh !... Pierre qui roule n'amasse pas mousse... »

Limpenbein pianota sur le clavier d'une sorte de machine à écrire qui cracha un morceau de ruban perforé. Il le glissa dans une fente qui l'avala avec un bruit gourmand, il appuya sur le bouton rouge. La machine ronronna trois secondes puis, avec un cliquetis joyeux, se mit à vomir feuille sur feuille de papier imprimé.

« Voilà, dit Limpenbein. De votre phrase, la machine a tiré une idée à dix mille dollars pour un système d'épargne-voyage, une idée à mille dollars pour le nettoyage des monuments publics et une douzaine d'idées de un à cent dollars destinées aux rayons des supermarchés. »

Rouletabosse était songeur.

« Dites-moi, Limpy, depuis le temps que la Brightboy Brain Bank vend des idées, vous n'avez jamais pu utiliser le matériel qui vient des étages supérieurs ?

— Jamais !

— Et vous ne l'avez dit à personne ?

— Non, jamais ! J'ai toujours insisté pour être le seul à pénétrer dans ce laboratoire. Vous rendez-vous compte de la honte ? Moi, le professeur Hans Theodor Limpenbein incapable de vaincre l'obstination d'une sale petite machine qui a un caprice dans ses transistors ! *Schrecklich !* Autant mourir !... Mais maintenant, avec ces enquêtes, ces visites de policiers, ces perquisitions, on va tout découvrir ! »

Il se remit à pleurer.

« Voyons, Limpy, dit Rouletabosse, calmez-vous. Dites-moi, si vous n'utilisiez pas le matériel d'en haut, ce que vous mettiez dans la machine, c'était n'importe quoi ? »

Limpenbein renifla et se tira la barbe, l'air gêné.

« Euh !... non, pas exactement. J'emploie une méthode rigoureuse de sélection aléatoire...

— C'est-à-dire ?

— Je tire des phrases au sort.

— Comment ?

— Vous voyez ce gros livre sur la table, Tubby ?

C'est la Bible de famille que m'a léguée mon père en mourant. Je l'ouvre au hasard et je laisse tomber mon canif sur un verset. C'est lui que j'introduis dans la machine.

— Vous voulez dire que toutes les idées produites par la Brightboy depuis sa fondation venaient de la Bible et n'avaient rien à voir avec les *brainstormers,* les analyseurs, ni avec personne dans la maison ?

— C'est exact.

— Limpy, mais c'est formidable ! Il faut tout de suite faire connaître ce que vous venez de me dire !

— Tout le monde se moquera de moi !

— Non, Limpy, non ! Au contraire, vous serez un héros national. Grâce à vous, les *brainstormers* seront innocentés, le Président sera flatté d'être inspiré par la Bible et la Brightboy en tirera une publicité extraordinaire !

— On ne me croira jamais.

— On vous croira si c'est la presse, et non la police qui raconte votre histoire. Le tout est de vous tirer d'ici avant que les agents de la C.I.A. vous mettent la main dessus. Y a-t-il un moyen de sortir sans passer par le couloir ?

— J'ai mon ascenseur personnel.

— Allons-y. »

Chang attendait dans le garage. Sans poser de questions, il installa Limpenbein dans la camionnette à côté de Rouletabosse. Le voyage fut tout aussi facile qu'à l'aller, mais moins agréable, car il s'agissait de linge sale, et non de linge propre.

Au moment où les fugitifs débarquaient dans l'arrière-cour de Chang, une voiture-haut-parleur passa dans la rue, annonçant que la ville devrait être entièrement évacuée avant 14 heures. La population se regrouperait au camp militaire de Ghoulish Gap, à douze kilomètres sur la route de Carson City.

« Quelle heure est-il ? demanda Rouletabosse.

— Onze heures.

— Donc vingt heures en France. Il faut que j'appelle mon journal. Chang, puis-je utiliser votre téléphone ?

— Certainement, ami Lou. Pendant ce temps, je vais disposer ma petite famille dans la camionnette de manière à ménager une place discrète pour l'honorable visiteur que vous nous avez amené. »

En moins de deux minutes, Rouletabosse eut son journal au bout du fil et aussitôt la voix de Bob Morasse claqua dans ses oreilles.

« Alors, petit, tu sais l'heure qu'il est ? Le journal n'attend pas. Tu as de la copie à passer aux sténos ?

— *Boss,* je n'ai pas eu le temps de rédiger, mais je crois que je tiens du sensationnel. »

Rapidement, il exposa ses découvertes, coupé à plusieurs reprises par la voix sèche et impatiente du *boss* :

« Je sais, je sais... ensuite ? »

Quand il en arriva à sa rencontre avec Limpenbein, Bob Morasse dit :

« Attends, je branche le magnétophone. »

Le récit terminé, il y eut un court silence.

« C'est bon, ce truc de la Bible, dit le *boss,* mais c'est meilleur pour les Américains que pour nous. Garde ton zèbre savant au frais et n'en parle à personne. Un *scoop,* ça vaut de l'or. »

Rouletabosse savait qu'un scoop est une information exclusive, mais le mot lui rappela l'existence de Fred.

« J'ai rencontré dans l'avion le correspondant du *Washington Daily Squeak.* Il doit venir cet après-midi. Il s'appelle Fred Scoop.

— Fred Scoop ? C'est un des as du *Squeak* ! Méfie-toi de lui comme de la peste !... Bon, écoute, avec les renseignements que tu m'as donnés, on va faire cinq colonnes à la une pour demain matin. Toi, ne lâche pas ton professeur... euh !... Limpinpin. De mon côté, j'appelle le rédacteur en chef du *Squeak* et je lui vends l'information pour ce qu'elle vaut, c'est-à-dire très cher. Mais il ne faut pas qu'ils la sortent avant nous. Si tu vois Fred Scoop, tu ne lui dis rien avant... vingt heures à New York, c'est-à-dire dix-sept heures pour toi. Ce sera trop tard pour qu'ils fassent une édition spéciale dans la soirée. Compris ? Tu me téléphoneras tes papiers demain après-midi de New York, avant de prendre l'avion.

— Pour la France ?

— Non, pour le Mali. Tes billets sont au guichet de la Panam à Carson City. Tu trouveras mes instructions à la rédaction du journal *Kibaru,* à Bamako. Bon voyage ! *Ciao !* »

La camionnette de Chang était prête à partir, avec toute la famille assise sur une grande panière d'osier dans laquelle se dissimulait Limpenbein.

« Partez ! cria Rouletabosse. Je vais chercher ma

voiture au parking et je vous rejoins au campement militaire.

— Nous serons sur un petit plateau, à gauche de la route, répondit Chang. Nous vous y attendrons à l'abri des regards indiscrets. »

Roulé en boule, Rouletabosse prit à grande vitesse la direction du parking où il parvint en quelques secondes. Au moment où il allait ouvrir la portière de la voiture, un homme aux cheveux roux, sur la poitrine duquel luisait une plaque de cuivre, s'approcha et lui dit :

« 'Scusez, cette voiture est à vous ?

— Je l'ai louée, oui.

— Elle est stationnée à cheval sur la ligne.

— Mais c'est la seule du parking ! Je ne gêne personne.

— 'Scusez, mais c'est une infraction.

— Bon, je paierai l'amende. Combien ?

— C'est le juge qui dira. Il faut que vous me suiviez au poste de police.

— Où est le juge ?
— Il a été évacué.
— Mais quand reviendra-t-il ?
— Aucune idée. 'Scusez, mais venez maintenant. »

Comme il caressait négligemment la crosse du gros pistolet qu'il portait à la ceinture, Rouletabosse, éperdu et furieux, n'eut d'autre solution que de se soumettre.

Il faisait abominablement chaud dans la cellule du poste de police. Après avoir éprouvé la résistance des barreaux, Rouletabosse décida de faire contre mauvaise fortune bon cœur. Il se roula en boule dans le coin le plus frais et s'endormit.

Un toussotement le réveilla. Un homme distingué en costume sombre et cravate grise se penchait sur lui, une valise à la main.

« Pardonnez-moi de vous réveiller, monsieur Rouletabosse, mais j'aimerais bien avoir une conversation avec vous.

— Vous me connaissez ? Qui êtes-vous ?

— Smith. Je m'appelle Smith, comme tous ceux qui ont cet insigne, répondit l'inconnu en faisant rapidement passer un porte-carte entrouvert sous le nez de Rouletabosse. Je sais que vous êtes journaliste et même, ajouta-t-il en ouvrant la valise, j'ai pris la peine de vous apporter vos appareils de photographie et vos magnétophones que vous aviez oubliés à l'aéroport de Reno.

— Je vous remercie, dit Rouletabosse ahuri.

— De rien, je vous en prie, d'autant que vous

allez pouvoir me rendre vous-même un service... par exemple me dire ce que vous faisiez ce matin au building de la Brightboy Brain Bank où sept employés vous ont identifié. Et peut-être pourriez-vous me dire aussi ce que le professeur Limpenbein est devenu.

— Et si je ne dis rien ?

— Je crains qu'il ne soit beaucoup plus difficile de sortir des prisons fédérales que de celle du shérif de Cosy Corner... surtout quand on est accusé d'espionnage et... »

Sa voix fut soudain couverte par un bruit de moteur et un hélicoptère se posa dans la rue. Quelques secondes plus tard, Fred Scoop faisait irruption dans la cellule, suivi d'un élégant gentleman aux tempes argentées et d'une jeune femme aux yeux gris.

« Mr. Smith, dit l'homme qui accompagnait Scoop, vous vous appelez bien Smith, n'est-ce pas ? J'ai ici une ordonnance d'*habeas corpus* du juge fédéral de Carson City. Je vous serais donc très reconnaissant de bien vouloir libérer monsieur qui est mon client. Permettez que je me présente : Perry Gardner, avocat du barreau de Los Angeles, et voici Miss Lalla Road, ma collaboratrice particulière, qui est assermentée et pourra faire un constat si vous désobéissez à l'ordonnance. »

Sans mot dire, Smith ferma sa valise et s'en fut.

« Tubby, dit Scoop, il paraît que vous avez un tuyau pour moi, et ce doit être bigrement important pour que le patron du *Squeak* ait engagé les services de Perry Gardner, qui est le meilleur avocat de Los Angeles, mais aussi le plus cher !

— J'ai un tuyau, Fred, mais je ne peux rien vous dire avant dix-sept heures.

— Il est seize heures, cinquante-neuf minutes, cinquante secondes, dit Perry Gardner en consultant sa montre à quartz.

— J'ai dormi tout ce temps ?

— Cinq... quatre... trois... deux... un... top ! Maintenant, Tubby ! » s'écria Scoop.

Il fallut à peine cinq minutes à Rouletabosse pour raconter ce qu'il savait.

« La Bible, *oh boy !* dit Scoop d'une voix émerveillée. C'est l'information du siècle, Tubby ! Vous dites que Limpenbein est au campement militaire ? Allons-y avant que la C.I.A. ne mette la main sur lui et sur ce Chinois !

— Prenez mon hélicoptère, suggéra Perry Gardner. Miss Road et moi rentrerons avec la voiture de monsieur. Je paierai la location et je mettrai le tout sur ma note.

— Je n'en doute pas, dit Scoop. Merci tout de même ! »

L'hélicoptère se posa sur le petit plateau proche du campement militaire juste le temps d'embarquer Limpenbein et Chang.

« Nous allons à Carson City, dit Scoop. Et maintenant, Limpy, racontez-moi votre histoire. »

A l'aéroport de Carson City, pendant que Rouletabosse récupérait ses billets pour Bamako, Scoop alla téléphoner au *Squeak*. Quand il revint, il se frottait les mains.

« Formidable ! J'ai loué un *jet* spécial. Nous partons pour Washington dans vingt minutes. Nous arriverons à temps pour la première édition du *Squeak* et, en l'air, nous serons à l'abri des curieux. »

Au cours de la nuit, dans l'avion, Rouletabosse rédigea les articles qu'il téléphonerait de New York et discuta de cuisine chinoise avec Chang, tandis que Scoop continuait à « pomper » Limpenbein dont la tête dodelinait de fatigue.

A l'atterrissage, Chang regarda par le hublot.

« On dirait, dit-il, qu'une surprise nous attend, ami Lou. »

La surprise consistait en quatre longues voitures noires qui stationnaient au pied de l'échelle. Chacun des passagers fut enfourné dans l'une d'elles sous la garde de deux gorilles ruminants. Tous rideaux baissés, la procession fila silencieusement dans la nuit. Au bout d'un trajet qui parut interminable, Rouletabosse retrouva ses compagnons devant les marches d'un grand édifice brillamment illuminé.

« *Oh boy !* la Maison Blanche ! » s'exclama Scoop.

Quelques instants plus tard, on les introduisit dans un salon ovale où se trouvaient déjà une demi-douzaine de personnes, plus des photographes et une équipe de télévision. Le Président s'avança vers eux avec son sourire bien connu et donna l'impression qu'il leur serrait la main à tous les quatre en même temps.

« Le peuple américain, dit-il, a une grande dette envers vous. J'ai tenu à ce que vous assistiez à l'enregistrement du message à la nation qui sera télévisé ce matin. »

Puis il fit les présentations. Il y avait là Balaam B. Brightboy qui ressemblait à un lapin albinos, Snoopy Leibowitz qui ressemblait à un renard chauve et Ronald Stinker, le rédacteur en chef du *Washington Daily Squeak* qui ressemblait à un rédacteur en chef.

Tandis que le Président se dirigeait vers une petite estrade flanquée d'un drapeau américain et sur laquelle convergeaient les objectifs des caméras,

Scoop fit passer à Rouletabosse une grande feuille de papier que venait de lui remettre Stinker.

« Tenez, c'est une épreuve de notre première page pour l'édition du matin. A cette heure-ci, votre journal doit être en vente en France : vous nous battez de plusieurs heures. »

Toute la page était barrée par un titre : B.B.B. BIDS BIBLE BEST BUY !, ce que Rouletabosse traduisit approximativement par « La Brightboy dit que la meilleure affaire, c'est la Bible ! »

En quelques mots, le Président expliqua qu'il n'avait rien à cacher à l'opinion sur l'affaire Brightboy et donna une version simplifiée des événements. Deux huissiers déposèrent devant lui la Grande Bible de la Maison Blanche, celle sur laquelle les présidents des États-Unis prêtent serment. Il mit la main gauche sur elle, tandis que, de l'autre, il saisissait les plis du drapeau américain. Les caméras firent un gros plan sur lui.

« La sagesse éternelle de Dieu, dit-il, et la vieille gloire de la Bannière Étoilée resteront à jamais les inspirations du peuple américain et de son gouvernement. »

Les caméras firent un pano-travelling arrière qui découvrit le groupe de Limpenbein, Chang et Rouletabosse.

« C'est un privilège pour moi de remercier au nom du pays les authentiques Américains et... hem !... les vrais amis de la démocratie, ajouta-t-il quand son œil tomba sur Rouletabosse, qui ont courageusement contribué au triomphe de la vérité, de la justice, de la liberté et de la religion. »

Après l'enregistrement, il fallut participer au breakfast du Président, puis à une conférence de presse. C'est seulement vers midi que Rouletabosse s'embarqua pour New York à bord d'un des hélicoptères présidentiels mis spécialement à sa disposition. Chang, Limpenbein et Scoop l'accompagnèrent jusqu'à l'appareil.

« *Xi wang ni bu jiu zaï laï, Lou peng you,* dit Chang.

— *Auf wiederschauen, mein lieber Freund,* dit Limpenbein.

— *See you soon, Tubby! Happy landings!* » cria Scoop, tandis que les pales de l'hélicoptère se mettaient en mouvement.

Rouletabosse regarda se rapetisser sous lui ses compagnons d'aventure, puis les avenues et les monuments de Washington, noyés dans une brume de chaleur et brouillés par les larmes qui lui venaient aux yeux. Mais il surmonta bien vite cette faiblesse et, en journaliste consciencieux, se mit à rédiger le récit de sa visite à la Maison Blanche.

L'eau de Séguédougou

Dans le Boeing 747 de la Panam qui le conduisait de New York à Bamako, Rouletabosse était le seul voyageur de première classe. Il devait ce traitement de faveur au Président des États-Unis en personne, qui avait veillé à ce qu'on inscrive sur son billet les trois initiales V.I.P. — *Very Important Person,* c'est-à-dire « personnage très important ». On reconnaît à cette inscription les voyageurs qui, comme les œufs, doivent être transportés avec les précautions particulières : milliardaires, ministres, militaires de haut rang, musiciens célèbres, grands mamamouchis et malins en tous genres. Les journalistes y ont rarement droit.

Dès le départ, on lui servit du champagne et,

bien carré dans le vaste fauteuil qu'on lui avait réservé tout à l'avant de la cabine, il se mit à lire attentivement les deux derniers numéros de son journal qu'il avait trouvés à l'aéroport Kennedy.

Sur le premier s'étalait à la une la photographie de la vache carnivore qu'il avait prise à Jehlab, accompagnée d'un bref extrait de son article, mais l'information elle-même était donnée sous la forme d'une correspondance de l'Agence France Presse signée des initiales D.C. Il fit la grimace en découvrant ainsi la trahison de Dina Chatterji, mais, à vrai dire, il s'y attendait. Un bon journaliste ne doit faire confiance à personne, et surtout pas à un autre journaliste.

Le numéro suivant lui procura davantage de satisfaction. Son article sur le sacrifice de Kali était relégué à la deuxième page, mais il était reproduit intégralement et son nom apparaissait deux fois : au-dessous du titre en gros caractères et en bas de la dernière colonne. Le metteur en page avait retourné la photo de la vache tombant dans le Gange et elle avait l'air de chevaucher les nuages.

Somme toute, Rouletabosse n'avait pas lieu d'être mécontent. Au téléphone, quand il avait dicté de New York son article sur la Maison Blanche, le *boss* s'était montré d'une mansuétude inaccoutumée. Il avait même consenti à lui donner des précisions sur sa mission au Mali.

« C'est un endroit qui s'appelle... Euh !... Scoubidoubidou ou quelque chose dans ce genre. Il paraît qu'on y fait des récoltes miraculeuses en plein désert. Je veux tous les détails vendredi pour l'édition magazine de dimanche. Bonne chance, petit. »

Après un excellent repas, Rouletabosse dormit paisiblement jusqu'à l'escale de Las Palmas, dans les îles Canaries. La matinée était douce et claire. Au bar de l'aéroport, il dégusta un café parfumé. Il fit aussi quelques achats à la boutique : un napperon de dentelle pour sa mère, une boîte de cigares pour son père et un gratte-papier damasquiné pour le *boss*.

Quand il remonta dans l'avion, un autre passager s'installa dans un fauteuil proche du sien. C'était un Africain d'une quarantaine d'années, au visage affable et aux yeux pétillants de malice derrière des lunettes cerclées d'or. Il considéra Rouletabosse avec intérêt et lui adressa un sourire.

« Nous allons avoir une belle traversée, dit-il. Le temps est magnifique. »

Rouletabosse avait bien suivi les cours de géographie tropicale.

« Ce n'est pas la saison des pluies, au Mali ?

— Au sud oui, mais au nord, hélas ! ce n'est presque jamais la saison des pluies. »

La côte de la Mauritanie apparut lentement dans le hublot, comme une lame d'or éblouissante posée sur la mer sombre.

« C'est le Sahara ? demanda Rouletabosse.

— C'est le bord du Sahara. Il s'étend sur des centaines et des centaines de kilomètres, mais il est très varié, vous savez. C'est par ici que vivent les Touareg. Beaucoup d'entre eux sont maliens. Vous n'êtes jamais allé à Tombouctou ?

— Pas encore.

— C'est un voyage que je vous conseille de faire en partant de Bamako. Vous verrez les grands troupeaux des Peuls... si du moins ils ne sont pas morts de faim et de soif d'ici là. Sans eau, rien ne vit. »

Sous l'avion, le désert avait pris une teinte grisâtre. Des lignes plus sombres ou plus claires, parfois noires, parfois blanches, parfois jaunes, y traçaient d'étranges et gigantesques figures géométriques. Rouletabosse les suivait des yeux.

« Par moments, on dirait des rivières et des ruisseaux.

— Il y en a eu, mais il n'en reste que des vallées sèches. Ce pays a été fertile autrefois.

— Que s'est-il passé ?

— On ne sait pas trop. Beaucoup de gens pensent que c'est l'imprudence des hommes qui est responsable : on a trop déboisé, trop élevé de chèvres. Ce qui est certain, c'est que le désert gagne un peu de terrain chaque année et que l'eau se fait de plus en plus rare. »

Rouletabosse gardait le nez collé contre le hublot.

« On dirait que la terre verdit un peu par ici.

— C'est le début de la savane. Vous apercevrez bientôt quelques villages bambaras.

— On voit des sortes de ronds.

— Ce sont des champs. Le village est au milieu.

— Que cultive-t-on par ici ?

— Pas grand-chose... un peu de mil. Mais la terre s'épuise vite. Quand le ségué apparaît, il faut la laisser se reposer.

— Le ségué ?

— C'est une herbe de la savane qui pousse sur les terres pauvres. »

Rouletabosse considéra l'immense étendue pâle que tachetaient çà et là des buissons ou des arbres rabougris.

« Pourquoi ne reboise-t-on pas ? La forêt retiendrait l'humidité.

— Par quoi faut-il commencer ? Par l'œuf ou par la poule ? Par l'eau ou par les arbres ? »

La main au-dessus des yeux, Rouletabosse regardait grandir à l'horizon une grande tache noire aux reflets vert sombre.

« C'est une forêt ?

— Non, c'est la plantation de Séguédougou.

— Vous dites Séguédougou ?

— Oui, cela veut dire « le village du ségué » justement. On n'y trouvait rien d'autre jusqu'à ce que... »

Il s'interrompit, comme s'il avait craint d'en avoir trop dit. Rouletabosse réfléchissait. Le *boss* avait parlé de quelque chose dans le genre de

Scoubidoubidou. Le nom de Séguédougou n'en était pas très éloigné.

« C'est une grande plantation ?

— Assez grande, oui...

— On a donc trouvé de l'eau ?

— De l'eau ? Oui, bien sûr... »

Le visage de son interlocuteur s'était fermé. Manifestement, il ne souhaitait pas se montrer bavard. Rouletabosse jugea donc prudent de ne pas mentionner l'objet de sa mission au Mali. Des lambeaux de nuages commençaient à masquer le sol. En quelques instants le hublot devint opaque. Le haut-parleur annonça que l'avion allait entrer dans une zone de turbulence et pria les passagers d'attacher leur ceinture.

L'hôtesse vint servir un dernier verre de champagne avant l'atterrissage. Cela rendit toute sa bonne humeur au compagnon de Rouletabosse.

« Buvons, dit-il, à votre heureux séjour dans mon pays ! »

Rouletabosse eut du mal à vider son verre sans le renverser, car l'appareil était secoué comme un camion roulant sur une route mal empierrée. Il ne fut pas fâché quand le train d'atterrissage toucha la piste de Bamako.

Son compagnon prit rapidement congé et disparut dans une voiture qui l'attendait en bas de l'échelle. Rouletabosse le suivit. Quand il franchit la porte, il fut soudain enveloppé dans des masses d'air épais et brûlant, au parfum violent de terre et de végétation, mêlé à des relents de kérosène. Il était un peu ivre quand il mit le pied sur le ciment mouillé de la piste.

En tant que V.I.P., il fut escorté par une hôtesse vers un petit salon où les formalités de santé, de douane et de police furent réglées en quelques minutes, ce qui était heureux, car Rouletabosse n'avait subi aucune des vaccinations exigées par le règlement. En lui rendant ses papiers, l'employé lui indiqua le dispensaire où il pourrait aller se faire vacciner.

« On vous attend à la sortie, ajouta-t-il. Bon séjour au Mali. »

Rouletabosse ne reconnut d'abord pas la jolie fille en pagne ocre et vert qui se jeta à son cou en riant de toutes ses dents blanches.

« Kakaladounou ! s'écria-t-elle. Quelle joie de te voir dans mon pays ! »

Il reconnut alors Niélé Sissoko, une de ses anciennes camarades de l'Institut universitaire de technologie. Kakaladounou était le surnom que lui avait donné le petit groupe d'étudiants africains avec lesquels il sortait souvent. Un *kakaladounou,* s'il se souvenait bien, était un petit tambour rond en usage dans la vallée du Niger.

Rouletabosse avait toujours eu un petit sentiment tendre pour Niélé, mais il la savait fiancée à un ingénieur chimiste qui faisait un stage dans une société pétrolière en France.

« Niélé ! Tu travailles à Bamako ?

— Je suis reporter à *Kibaru.* Quand j'ai su que tu arrivais, tu penses bien que j'ai demandé à mon rédacteur en chef de m'envoyer te chercher à l'aéroport. Tu sais que tu es connu au Mali ? Regarde ! nous avons repris ton reportage sur la vache indienne ! »

Elle lui tendit un numéro de *Kibaru* où il reconnut son nom et la photographie de la vache, les pattes en l'air cette fois, mais il ne comprit pas un mot du texte.

« Quelle est cette langue ?

— C'est du bambara. *Kibaru,* cela veut dire « les nouvelles » en bambara. C'est la langue la plus répandue au Mali, bien que les Bambaras ne soient qu'un des peuples qui vivent au Mali.

— Tu es Bambara ?

— Non, moi, je suis Malinké, mais mon mari est Bambara. Tu le connais d'ailleurs. Tu te souviens de Massa Kouyaté ?

— Bien sûr. Il est ingénieur. Il faisait un stage.

— Je l'ai épousé l'année dernière. Naturellement, tu loges chez nous. Massa sera ravi de te revoir. Justement, il est à Bamako en ce moment.

— Où travaille-t-il ?

— Oh !... du côté de Séguédougou...

— Séguédougou ? Mais c'est là que... »

Ils étaient arrivés devant une cinq-chevaux orange vif.

« C'est ma voiture, dit Niélé. Monte, nous allons au journal. »

Niélé conduisait en silence. Rouletabosse était songeur.

« Tu connais Séguédougou ? demanda-t-il.

— J'y suis allée. »

Elle non plus n'était pas bavarde. Le rédacteur en chef de *Kibaru* l'était moins encore. Pour recevoir Rouletabosse, il posa un instant ses ciseaux et son crayon rouge.

« Heureux de vous connaître, mon cher. J'ai reçu un coup de téléphone de votre rédacteur en chef. Il paraît que vous êtes chargé d'un reportage à Séguédougou. Vous allez avoir du mal : la zone est interdite.

— Comment, interdite ? Niélé me dit que Massa Kouyaté y travaille.

— Il y travaille pour le gouvernement, mais les touristes ne sont pas admis. Il vous faudra des autorisations spéciales. »

Rouletabosse n'en fut pas autrement ému. Pour qui avait affronté la bureaucratie soviétique, la bureaucratie malienne n'avait rien d'effrayant.

« Qu'est-ce qu'il y a là-bas ? Une installation militaire ? On m'avait parlé d'une plantation. »

En sonnant, le téléphone épargna une réponse au rédacteur en chef. Il écouta un instant, puis raccrocha.

« Le ministre de l'Information désire vous voir, dit-il.

— Moi ? Quand ?

— Tout de suite. »

Cela non plus n'émut pas Rouletabosse. Pour qui avait serré la main du Président des États-Unis, un simple ministre n'était que de la routine.

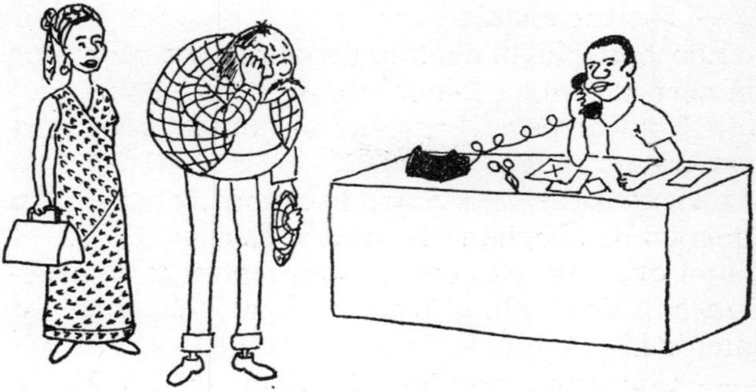

Tandis que Niélé le conduisait au ministère, Rouletabosse regardait avec curiosité le spectacle de la rue. Il y avait beaucoup d'arbres, de fleurs et de poussière. La circulation n'était pas intense, mais joyeusement désordonnée. Les Maliens étaient sans doute pauvres, mais ils n'étaient pas tristes. Les pagnes et les boubous éclataient de couleurs chaudes. La voiture contourna un marché parfumé d'épices et bariolé comme un massif d'orchidées. Rouletabosse s'habituait à la chaleur, mais il transpirait abondamment.

« Le ministère a l'air conditionné, lui dit Niélé, et chez nous, tu pourras prendre un bon bain dans la piscine. Tu as pris de la quinine ?

— Non. »

De la main droite, elle fouilla dans son sac et tendit un tube à Rouletabosse.

« Prends un comprimé maintenant. Ce n'est pas qu'il y ait beaucoup de malaria à Bamako, mais si tu dois aller à l'intérieur du pays, c'est plus prudent. »

Quand ils pénétrèrent dans le bureau du ministre, Rouletabosse eut une surprise : l'homme qui venait au-devant de lui en souriant, n'était autre que son compagnon de voyage.

« Je ne savais pas, dit le ministre, que j'avais eu l'honneur de faire route avec un journaliste connu.

— Je ne suis qu'un débutant, monsieur le Ministre.

— Il n'empêche que vous avez eu les honneurs de toute la presse américaine. Quant à votre journal, il vous a rendu justice. Je viens de recevoir les deux derniers numéros. »

Il les tendit à Rouletabosse. L'un des numéros contenait un long article non signé sur l'affaire Brightboy, mais sur le second, le récit de la visite à Washington était précédé d'un surtitre en caractères gras : NOTRE COLLABORATEUR ROULETABOSSE À LA MAISON BLANCHE.

« Je crois savoir, dit le ministre, qu'on vous envoie faire un reportage sur Séguédougou. C'est évidemment un sujet passionnant dont nous avons déjà eu l'occasion de nous entretenir. Vous croyez aux miracles, monsieur Rouletabosse ?

— En général non, monsieur le Ministre. Je crois surtout à la chance.

— C'est bien ce que je craignais. Pourtant vous pourriez écrire un bien bel article sur le prodige des sorciers de l'Afrique mystérieuse. Cela plairait à vos lecteurs.

— Il y a vraiment des sorciers ?

— Demandez à votre charmante consœur, madame Kouyaté. Son oncle est justement sorcier à Séguédougou. »

Rouletabosse jeta un regard inquiet à Niélé.

« L'oncle Diaba, dit-elle, est simplement le *yorobo-niaré* de Séguédougou.

— Le *yorobo-niaré,* reprit le ministre, est, en

quelque sorte, le grand prêtre d'une société plus ou moins secrète comme il y en a beaucoup en Afrique. En l'occurrence, il s'agit de la société du *Djinné-ton* qui a des relations particulièrement amicales avec les génies des eaux. »

Rouletabosse se demandait si le ministre plaisantait ou s'il était sérieux.

« Il y a justement ce soir une danse rituelle du *Djinné-ton* à Séguédougou, continuait le ministre. Plusieurs visiteurs étrangers de marque y sont conviés. Si M. et Mme Kouyaté sont disposés à vous accompagner, je puis vous donner un laissez-passer pour y assister.

— Je vous remercie, monsieur le Ministre.

— Je vous demanderai cependant de ne pas vous montrer exagérément curieux. L'Afrique est accueillante, mais elle tient à ses secrets. »

Demander à un journaliste de n'être pas curieux, c'est déjà comme demander à un enfant de ne pas manger de caramels mous, mais le demander à Rouletabosse, c'était comme demander à un ogre de ne manger que des légumes. Le ministre dut le comprendre, car il ajouta avec un soupir :

« Enfin, je vous demande d'être discret. »

La maison des Kouyaté était petite, mais située dans un beau jardin où se dressait un gigantesque flamboyant couvert de fleurs rouges. Rouletabosse se trempa longuement dans la minuscule piscine entre les fleurs pourpres, orange et jaunes, tandis que Massa préparait des gin-tonics.

Il avait accueilli Rouletabosse avec gentillesse et

cordialité. C'était un grand garçon athlétique, au visage clair et fin. Sa grand-mère, expliqua-t-il, était une Peul.

La petite maison était un vrai musée folklorique : statuettes dogons, toiles de Korogo, fétiches malinkés, masques baoulés, amulettes peuls. Dans un coin, Rouletabosse avisa un gros objet en métal de forme étrange.

« D'où cela vient-il ? »

Massa éclata de rire.

« C'est un trépan pour les forages pétroliers. On le met au bout de la tige creuse qui perce le sol, et c'est lui qui broie la roche en tournant.

— Tu t'occupes toujours de pétrole ? Je ne savais pas qu'il y en avait au Mali. »

Niélé, venant annoncer que le repas était prêt,

évita une réponse à Massa qui s'empressa de conduire Rouletabosse à table.

« Nous allons manger tout de suite, dit-il. La route est longue jusqu'à Séguédougou. »

Elle fut très longue. Au début, Rouletabosse s'émerveillait des termitières géantes qui s'élevaient dans la savane comme les gratte-ciel ocre d'une cité en ruine. De temps en temps, un fromager ou un baobab isolés découpaient leurs branches sur le ciel lourd. Beaucoup étaient morts et leurs silhouettes argentées avaient l'air de fantômes tourmentés. Peu à peu, les nuages se levèrent et le ciel devint d'un blanc éblouissant. La chaleur était suffocante et la poussière entrait par les vitres grandes ouvertes.

Ils s'arrêtèrent deux fois dans des villages pour manger des mangues. Comme ils approchaient de Séguédougou, Rouletabosse huma l'air.

« Est-ce que vous ne trouvez pas que cela sent les œufs pourris ou le soufre ?

— C'est l'odeur de l'eau », répondit Massa brièvement.

Déjà, de part et d'autre de la route, s'étendaient des plantations de toutes sortes que Niélé désignait au passage.

« Du mil, du sorgho, des ananas... Et là, c'est la ferme expérimentale : des haricots verts, des fèves, des melons...

— Et de ce côté, dit Massa, on reboise, mais les arbres sont encore petits. »

L'ancien village de Séguédougou était niché au

cœur d'un bosquet de jeunes manguiers, mais des paillotes rondes, nouvellement construites, s'étalaient loin dans la plaine. Un certain nombre d'entre elles, à quelque distance, paraissaient de grande taille. L'une surtout dominait les autres comme un véritable donjon.

« Qu'est-ce que c'est ? demanda Rouletabosse.

— C'est le *touba-bon,* la paillotte du *Djinné-ton,* répondit Niélé. Seuls, les initiés ont le droit d'y entrer. »

La nuit tomba en quelques minutes quand ils arrivèrent sur la place du village où déjà on faisait les préparatifs pour la danse à la lumière de plusieurs lampes électriques.

« Nous avons un générateur autonome, expliqua Massa. C'est nécessaire pour l'irrigation. »

L'oncle Diaba les accueillit avec de grands éclats de rire qui contrastaient avec l'allure sinistre des peintures dont son visage et son corps étaient couverts.

Il entama avec Massa et Niélé une longue conversation en ce que Rouletabosse supposa être du bambara. Toute la famille était sortie de la paillote et les entourait d'un cercle de sourires. Une vieille s'approcha de Rouletabosse, l'examina attentivement, puis s'écria en le montrant du doigt :

« Kakaladounou !

— Kakaladounou ! kakaladounou ! crièrent les autres, ravis.

— Kakaladounou », répondit gravement Rouletabosse en mettant sa main sur sa poitrine.

Quelqu'un lui tendit un de ces petits tambours ronds dont il portait le nom. Il avait suivi à l'Institut universitaire de technologie le stage de musique populaire et, du bout des doigts, il improvisa un rythme de fandango. Les pieds, autour de lui, commencèrent à remuer en cadence. Il aurait bel et bien ouvert la danse si Niélé n'était intervenue.

« Kakaladounou, dit-elle, l'oncle Diaba dit que tu mérites bien le nom de *kakaladounou* qu'on te donne et qu'il a grande envie de t'initier au *Djinnéton* pour que tu puisses prendre ta place dans l'orchestre ce soir. Il dit aussi que les visiteurs étrangers vont manger chez le chef du village des nourritures de la ville et assisteront à la danse de la

tribune qu'on a construite pour eux, mais que, si tu veux, il serait heureux que tu partages avec nous son repas et que tu participes à la cérémonie avec les gens de notre famille.

— Ce sera une grande joie », répondit Rouletabosse.

Le repas se composait essentiellement de galettes arrosées d'une sauce piquante et savoureuse.

« Ce sont des galettes de mil, expliqua Niélé. Tout est fait avec du mil. Ces gâteaux dorés sont des *n'goni,* des beignets de mil, et la bière que tu bois, c'est du *dolo,* de la bière de mil.

— C'est très alcoolisé ? demanda Rouletabosse qui en avait déjà vidé plusieurs calebasses.

— Bien assez pour te soûler si tu continues à boire ainsi. ».

Effectivement, Rouletabosse avait un peu la tête

dans le coton quand il gagna la place du village où l'oncle Diaba, magnifiquement paré, mettait en place les musiciens. Ils étaient trois : l'un portait un tambour en sautoir sur le ventre, un autre tenait un tambourin entre les genoux et le troisième tirait des sons aigres d'une flûte de roseau. Sur un signe du *yorobo-niaré,* ils se mirent à jouer et aussitôt le rythme prit Rouletabosse à la fois au ventre et aux jambes. Autour de lui, la petite foule des villageois se balançait lentement. Contre son épaule, il sentait l'épaule de Niéré qui suivait la cadence. Massa semblait avoir disparu.

Au milieu de la place, l'oncle Diaba se livrait à des entrechats avec une agilité remarquable pour un homme de son âge. Puis la musique s'accéléra et six vieilles femmes firent leur entrée, portant une grande calebasse à moitié pleine d'eau où flottaient de petites calebasses sur lesquelles elles frappaient avec des baguettes de bois pour rythmer leur chant suraigu. Un à un, les danseurs se mirent en mouvement, marquant la mesure des épaules et des hanches et frappant le sol de leurs pieds nus. Une calebasse de *dolo* passait de mains en mains dans l'assistance. Rouletabosse but largement sous l'œil réprobateur de Niélé.

Le battement monotone des tambours, la plainte déchirante de la flûte, la voix perçante des chanteuses, le piétinement des danseurs, le frémissement cadencé qui parcourait la foule et surtout les fumées du *dolo* donnaient à Rouletabosse l'impression qu'il sortait de lui-même, abandonnant son

corps au rythme triomphant de la danse, et tournait comme une lune folle très loin au-dessus des lampes électriques dans le ciel piqueté d'étoiles.

Sans qu'il sût comment, il se trouva pris dans une file de danseurs, enchaîné à leurs mouvements par les bras et les jambes, son corps rond résonnant comme un *kakaladounou* frénétique.

« Kakaladounou ! »

Très loin, il entendit la voix de Niélé qui l'appelait, puis il sombra dans une sorte de demi-conscience qui dura une éternité et au bout de laquelle il s'éveilla confusément, épuisé et endolori.

Il était étendu sur le sol et le visage de Niélé était penché vers lui.

« Kakaladounou ! Tu n'aurais pas dû participer à la danse ! Tu t'es évanoui. »

L'oncle Diaba s'approcha et prononça une longue phrase en montrant Rouletabosse de son bâton garni d'amulettes.

« Il dit que les danseurs qui tombent en transe doivent aller au *touba-bon* pour entendre les messages des génies des eaux et que tu dois y aller aussi.

— Où ça ? murmura faiblement Rouletabosse.

— Au *touba-bon,* à la grande paillote. Il ne faut pas que tu y ailles ! »

Elle se tourna vers l'oncle Niaba et lui parla en bambara. Mais le *yorobo-niaré* roula de gros yeux et, d'un geste impérieux, fit signe aux hommes qui l'entouraient d'emporter Rouletabosse.

Ce dernier ne reprit tout à fait conscience que lorsqu'ils arrivèrent à la porte du *touba-bon.*

« Où me conduisez-vous ? » demanda-t-il, alarmé.

Les autres ne répondirent pas et le déposèrent sur le sol à l'intérieur de la paillote, puis ils s'en furent en refermant la porte et en le laissant seul dans l'obscurité.

Péniblement, il s'assit. Autour de lui, il entendait des gémissements, des soupirs et des bruits furtifs. Il tira son stylo-torche de sa poche et l'alluma. La faible lumière lui révéla une petite pièce, probablement une simple antichambre du *touba-bon.* Des corps étendus dans diverses postures remuaient

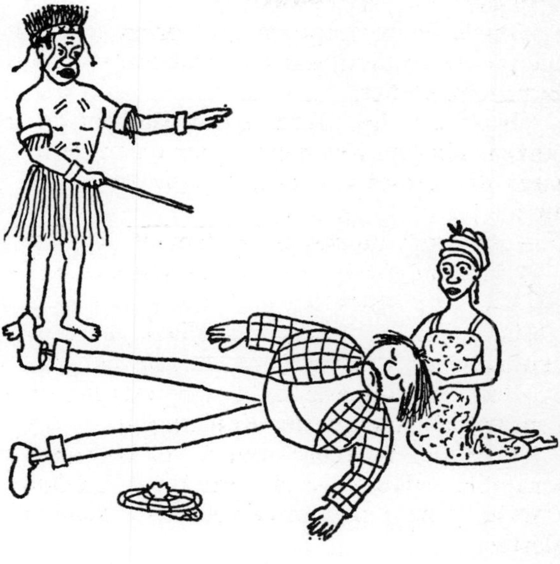

confusément. Il régnait dans l'étroite prison une odeur nauséabonde qui paraissait familière à Rouletabosse, mais qu'il n'arrivait pas à identifier.

Il se leva et essaya d'ouvrir la porte par laquelle on l'avait introduit. Elle était solidement verrouillée. En face, une autre porte devait mener à l'intérieur du *touba-bon*. Il se dirigeait vers elle quand elle s'entrouvrit.

« Kakaladounou, tu es là ? » chuchota la voix de Massa.

Rouletabosse le rejoignit rapidement. Massa referma la porte derrière eux. A la lueur de sa torche, Rouletabosse distinguait son visage soucieux.

« Niélé m'a fait dire qu'on t'apportait ici. C'est le seul endroit où il ne fallait pas que tu viennes.

— Mais pourquoi ?

— Bah ! autant que tu saches tout, maintenant. »

Il tendit la main vers un commutateur électrique et l'intérieur du *touba-bon* s'illumina. Rouletabosse poussa une exclamation de surprise. Au centre de la vaste tour ronde, s'élevait une construction métallique qu'il reconnut immédiatement.

« Un derrick !

— Un derrick miniature en effet. Le pétrole n'est pas profond ici. A peine quelques centaines de mètres.

— Le pétrole ? Vous avez trouvé du pétrole ici ?

— Oui, par hasard, il y a trois ans. »

Rouletabosse sortit son carnet et son stylo.

« C'est une nouvelle fantastique ! Demain, le monde entier le saura !

— C'est justement ce que nous voudrions éviter, Kakaladounou. Nous avons construit ces paillotes pour dissimuler le puits et les autres installations.

— Mais s'il y a du pétrole ici, il doit y en avoir aussi dans les environs. C'est une fortune pour le Mali !

— La fortune dont le Mali a besoin, ce n'est pas le pétrole, c'est l'eau.

— Comment, l'eau ?

— Je veux dire que l'eau nous apportera la nourriture en abondance, la prospérité, la santé, alors que le pétrole ne nous apportera que de l'argent qui nous enchaînera aux banques, aux sociétés, aux gouvernements des pays riches. Son odeur les attire comme celle de la charogne attire les mouches !

— Mais c'est du pétrole que vous avez trouvé, pas de l'eau !

— Eh bien, il n'y a qu'à changer le pétrole en eau !

— Changer le... Tu es fou ! »

Massa éclata de rire en voyant la mine ahurie de Rouletabosse.

« Viens », dit-il.

Après avoir inspecté les environs, il le fit sortir du *touba-bon* par une porte dérobée et le conduisit vers une paillote plus longue que les autres.

« Entre... »

Tout l'intérieur était occupé par une machinerie pour le moment silencieuse.

« Nous arrêtons les machines quelques heures quand nous avons des visiteurs. Le bruit s'entend d'assez loin. Ce que tu vois là est l'invention la moins rentable du siècle : le convertisseur de pétrole en eau. J'en suis assez fier. Naturellement, nous utilisons les sous-produits dans les installations avoisinantes, et ce n'est pas négligeable. Mais ce qui nous intéresse, c'est l'eau. Je t'accorde qu'elle ne sent pas très bon, mais ce puits a un débit qui permet d'irriguer plus de trois mille hectares. Tu as vu le résultat. Nous en forerons d'autres, mais le plus difficile est de ne pas attirer l'attention. L'oncle Diaba et son *Djinné-ton* nous servent de couverture. Ils sont fermement convaincus que ce sont leurs cérémonies qui font jaillir l'eau, bien que la plupart d'entre eux travaillent à la raffinerie. Ce n'est pas moi qui les détromperai... d'autant que je ne suis pas certain qu'ils n'ont pas raison. »

Rouletabosse regardait autour de lui d'un air incrédule.

« Mais enfin, vous ne comptez pas cacher cela éternellement ?

— Le plus longtemps possible en tout cas.

— A moins que tu n'aies l'intention de me tuer, tu ne peux pas m'empêcher d'en parler dans mon journal.

— J'y réfléchissais justement... non à te tuer, rassure-toi, mais à la possibilité d'une indiscrétion de ta part. Je crois qu'il n'y a pas de danger. Si tu racontais qu'il y a au monde des gens assez fous

EAU

pour changer le pétrole en eau, il n'y aurait personne pour te croire.

— Et si je prenais des photographies ?

— Je te rappellerais amicalement que je suis ceinture noire au karaté, alors que tu n'es que ceinture jaune.

— C'est un argument, mais tu ne peux pas me demander de me taire.

— Ce serait pourtant la meilleure solution. »

Ils rentrèrent lentement vers le village à travers la plantation. La fête continuait sur la place. Niélé attendait près de la voiture.

« Il vaut mieux rentrer à Bamako, dit-elle. Il y a des policiers dans l'escorte de la délégation officielle. S'ils ont vent de l'affaire, nous n'en avons pas fini avec les embêtements.

— Laisse-moi tout de même prendre quelques photos de l'oncle Diaba et de ses danseurs. »

Dans le tumulte de la danse, personne ne remarqua les éclairs du flash.

« Ils en ont jusqu'au petit jour, dit Massa. Allons-nous-en. »

Ils roulaient en silence depuis une heure quand Rouletabosse dit soudain :

« Niélé, tu te souviens du cours de déontologie professionnelle ?

— Bien sûr. On nous y enseignait ce qu'un journaliste doit faire et ce qu'il ne doit pas faire.

— Si le ministre ou quelqu'un du même genre m'ordonne de me taire et que je pense qu'il faut que je dise ce que je sais, je ne dois pas me taire. Tu es d'accord ?

— Naturellement, Kakaladounou, bien qu'il ne soit pas toujours facile d'appliquer cette règle en particulier.

— Mais si d'autre part, en mon âme et conscience, j'estime qu'il ne faut pas que je révèle une information que je connais, même mon rédacteur en chef ne peut pas m'obliger à le faire.

— C'est ce qu'on nous a appris.

— Alors il faut que je décide maintenant, avant que personne d'autre que vous ne m'en parle, ce que je dois faire de Séguédougou.

— Nous sommes entre tes mains, Kakaladounou.

— Oui, mais tout à l'heure, c'est moi qui risque de me trouver entre celles des autorités maliennes. Laisse-moi réfléchir, Niélé. »

Rouletabosse réfléchit pendant toutes les longues heures que dura dans la nuit le voyage jusqu'à Bamako. Il réfléchissait encore en se baignant à l'aube dans l'eau tiède de la minuscule piscine des Kouyaté. Pendant le petit déjeuner, il dit :

« Il y a un avion d'Air Mali pour la France à dix heures. Je vais le prendre.

— Et le pétrole, Kakaladounou ? » demanda Niélé.

Il leva vers elle des yeux candides.

« Quel pétrole ? Il n'y a pas de pétrole au

Mali, tout le monde sait ça. Par contre, ce que je sais, moi, c'est qu'à Séguédougou l'oncle Diaba a trouvé de l'eau qui sent diablement mauvais !

— Oh ! Kakaladounou ! »

Niélé se jeta à son cou et l'embrassa sur les deux joues. Rouletabosse crut qu'il allait de nouveau s'évanouir.

« Merci, Kakaladounou », dit simplement Massa.

Vers sept heures, une voiture noire s'arrêta devant la maison des Kouyaté et le chauffeur vint courtoisement informer monsieur Rouletabosse que le ministre de l'Information désirait le voir. Il n'ajouta pas « sur-le-champ », mais cela allait sans dire.

« J'espère, monsieur Rouletabosse, dit le ministre, que vous avez passé une bonne soirée à Séguédougou.

— Excellente, monsieur le Ministre.

— Il paraît même que vous avez participé à la danse et que vous avez eu les honneurs du *toubabon.*

— J'avais un peu abusé du *dolo,* monsieur le Ministre. »

Il y eut un petit silence.

« Et... comptez-vous faire un reportage ?

— Certainement, monsieur le Ministre. Je ne crois toujours pas aux miracles, mais j'ai été très vivement impressionné par la beauté et la ferveur de la cérémonie. Les membres du *Djinné-ton* méritent certainement que les génies des eaux aient permis à vos ingénieurs de découvrir une source thermale.

— Une source thermale ?

— Je ne suis pas expert, monsieur le Ministre, mais à en juger par l'odeur, il me semble que l'eau de Séguédougou doit être sulfureuse. C'est excellent pour les voies respiratoires. »

Le ministre le regarda longuement.

« L'idée est intéressante, monsieur Rouletabosse. Vous êtes certainement un des journalistes les plus perspicaces qu'il m'ait été donné de rencontrer. Je serai heureux de lire votre reportage. Il fera certainement plaisir à tous les Maliens. Je vous fais confiance. »

A l'aéroport, Rouletabosse eut droit à un nouveau merci de Massa et, ce qui était infiniment plus précieux, à deux nouveaux baisers de Niélé. Il dit mélancoliquement au revoir. Les journalistes disent toujours au revoir.

Tandis qu'il rédigeait son article dans l'avion, le souvenir des lèvres douces de Niélé sur sa joue l'aida à calmer sa conscience professionnelle qui le tracassait tout de même un peu. Et puis l'oncle Diaba et ses danseurs étaient un bon sujet pour les lecteurs du dimanche.

Quand il atteignit le bureau du *boss* après un tour du monde en onze jours, une heure, cinq minutes et quarante-cinq secondes, il n'en menait pas large. Le diable d'homme était capable de subodorer l'odeur du pétrole.

Mais Bob Morasse était dans un de ses bons jours. Il se contenta de rayer quelques mots çà et là au feutre noir, et de couper au rasoir un bas de page où Rouletabosse s'était un peu laissé aller à décrire le visage de Niélé.

Enfin, il leva la tête.

« Ouais !... pas sensas, cette histoire. Tu as fait mieux ces jours derniers. Enfin, le papier n'est pas trop mal torché. Il y a de la couleur. Ça pourra aller pour le magazine. Et à partir de lundi, nous allons avoir les retours du 15 août, avec les accidents de la route, les incendies de forêt, les cambriolages et les hausses de prix... de quoi remplir le journal, quoi... »

Il se renversa sur son fauteuil, mit les pieds sur son bureau et alluma un cigare.

« Tu as droit à un bon week-end, petit. Mais

nous sommes encore vendredi et le journal paraît demain. Tu as terminé ton apprentissage. Maintenant tu vas pouvoir commencer à faire vraiment ton métier de journaliste. Et pour commencer,

puisqu'il n'est jamais trop tard pour bien faire, il y a un camion qui a manqué le virage au carrefour de la Poste : il est entré dans la vitrine du marchand de légumes. Va voir de quoi il retourne et fais-moi cinq ou six lignes pour vingt heures. »

Comme Rouletabosse allait sortir, le *boss* le

rappela. Son visage avait une expression presque humaine.

« Et puis, dit-il, si tu trouves dans tes jambes un morveux qui te dit qu'il veut devenir journaliste, donne-lui un coup de pied aux fesses de ma part, mais gentiment. Ne le décourage pas ! »

Table

les anthologies

du Livre de Poche Jeunesse

Quatre sous ou un trésor

Riches et pauvres, avares et dépensiers, les uns manquent d'argent, d'autres ont peur de le perdre. Faut-il économiser sou par sou ? Attendre que les écus tombent du ciel ? Prendre des risques, être un peu filou ? Il y a bien les oncles à héritage et, peut-être, les bons génies...
Ceux qui ont compris que la fortune aime le mouvement la font circuler, et ça marche !

A partir de 8-10 ans

Des animaux et des hommes

De l'ourson-enfant à l'animal familier, du fauve libre au gibier qu'on chasse, du singe farceur au chien changé en homme, les bêtes sont-elles des jouets pour nous, des serviteurs, des ennemis ? La jungle avait adopté Mowgli, mais qui a respecté l'alliance ? Le serpent, dit-on, est un ami perdu, le monstre de la mer n'a pas été compris.
Quant aux insectes, ces bestioles du jardin, c'est peut-être tout un monde inquiétant de science-fiction.

A partir de 8-10 ans

Géants et miniatures

Les géants, méchants ou bons garçons, hantent les contes, et souvent les petits hommes se montrent plus malins qu'eux. Mais quelle aventure que de devenir minuscule par magie ! S'il n'y a pas de remède, c'est un drame.
Pour Gulliver, tout est relatif : il est géant à Lilliput et miniature à Brobdingnag ; Alice aussi : cela dépend de ce qu'elle avale au pays des merveilles. Et s'il y avait un moyen de grandir ou rapetisser à volonté ?

A partir de 8-10 ans

Des histoires pour les gourmands

Des gâteaux à ne savoir qu'en faire, c'est un rêve. Et quel plaisir de s'asseoir tous ensemble autour d'une table bien servie ! Mais trop, c'est trop, et puis avouez que vous n'aimez pas tout...
Les gourmands, les affamés ont parfois besoin de patience et d'astuce pour attraper un bon morceau.
Et avez-vous pensé aux ogres, aux cannibales ? Il faut bien que tout le monde vive, non ?

A partir de 8-10 ans

Le grand méchant loup, j'adore

Qui a vu le loup ? Ce goinfre sans cervelle, qui avalait tout rond les cabris et les grand-mères ?
Le renard a toujours été plus malin que lui et les chasseurs plus adroits. On l'a même converti, le docteur l'a mis au régime et les petites filles d'aujourd'hui lui en font voir de toutes les couleurs !
Pourtant, loup, loup-garou, comment oublier tes yeux qui luisent et tes grandes dents ?

A partir de 8-10 ans

36 façons d'inventer le monde

La création du monde, c'est sérieux, et mystérieux aussi. Comme personne n'était là quand tout est arrivé, on ne peut qu'imaginer ce miracle, ce gigantesque travail : un dieu qui invente, les forces de la nature qui s'éveillent, les animaux, les premiers hommes entre le ciel et les eaux...
Chacun voit les choses selon son inspiration. Et la création des hommes, c'est aussi celle du sourire.

A partir de 9-10 ans

Jouer avec les mots

Histoires pour rire, langages bizarres et fautes d'orthographe, injures, monologues, pensées et proverbes, charades et problèmes à dormir debout, imitations et mensonges... Il y a mille façons de jouer avec les mots.
En voici quelques-unes, qui vous en rappelleront d'autres. Et vous aurez sûrement envie d'en inventer à votre tour.

A partir de 8 ans

Composition réalisée par C.M.L., MONTROUGE

IMPRIMÉ EN FRANCE PAR BRODARD ET TAUPIN
58, rue Jean Bleuzen - Vanves - Usine de La Flèche.
LIBRAIRIE GÉNÉRALE FRANÇAISE - 14, rue de l'Ancienne-Comédie - Paris.
ISBN : 2 - 253 - 02764 - 2